es 1403
edition suhrkamp
Neue Folge Band 403

Mit der klassischen Rolle der Philosophen, Priester und Propheten, der Mandarine und Schamanen ist es vorbei. Die übliche Gestalt des Übergangs ist die Avantgardetheorie des Intellektuellen. Der lernt seine neue Rolle zwischen Experten- und Massenkultur, indem er das Selbstverständnis der Avantgarde abstreift.
Diese Theorie des Intellektuellen bildet den Hintergrund für Hauke Brunkhorsts polemische Skizze der Kontroversen und Kämpfe um die Institutionalisierung der Intellektuellenrolle im westlichen Nachkriegsdeutschland. Die diskrete Kumpanei der Mandarine, die einer ihrer Epigonen erst kürzlich auf den Begriff eines »kommunikativen Beschweigens« der »braunen Biographieanteile« gebracht hat, ermöglichte nach 1945 ein Überleben der alten kulturellen Hegemonie für weitere zwanzig Jahre – in Gestalt eines gespenstischen kulturellen Kompromisses zwischen alten Nazis und Nazigegnern. Aber die Niederlage der Nazis und das Entstehen einer pluralistischen Demokratie hatten die politische und soziale Basis des Verdrängungskompromisses nach 1945 definitiv zerstört. Zu den objektiven Folgen der Studentenrevolte gehört die Einordnung der Intellektuellenrolle in den Kreislauf der Reproduktion unseres symbolischen »Kapitals«. Es ist ganz verständlich, daß dies die alten Mandarine und ihre Schüler so nervös gemacht hat, daß sie zu militanten Gegenintellektuellen wurden.

Hauke Brunkhorst
Der Intellektuelle im Land der Mandarine

Suhrkamp

edition suhrkamp 1403
Neue Folge Band 403
Erste Auflage 1987
© Suhrkamp Verlag Frankfurt am Main 1987
Erstausgabe
Alle Rechte vorbehalten, insbesondere das der Übersetzung,
des öffentlichen Vortrags
sowie der Übertragung durch Rundfunk und Fernsehen,
auch einzelner Teile.
Satz: Glücker, Würzburg
Druck: Nomos Verlagsgesellschaft, Baden-Baden
Umschlagentwurf: Willy Fleckhaus
Printed in Germany

1 2 3 4 5 6 - 92 91 90 89 88 87

Inhalt

Im Land der Mandarine 7

Der Affekt gegen die Intellektuellen 16

Die intellektuelle Transformation der Philosophie 30

Kulturelle Hegemonie 65

Diskrete Kumpanei 94

Stunde der Intellektuellen 112

Gegenintellektuelle 133

Anmerkungen 158

Für Gertrud Koch

Im Land der Mandarine

Ein Althistoriker aus dem Land der Mandarine sprach kürzlich in New York über die Griechen. Der gelehrte Vortrag enthielt eine verschlüsselte politische Botschaft. Das Orakel von Delphi, so versuchte der Referent zu zeigen, sei in der antiken Welt ein Zentrum der geistigen Elite gewesen, in weiser Voraussicht hätten sich damals politische Klugheit mit Führungskraft und höherer Bildung verbunden. Deshalb stelle Delphi ein Korrektiv gegenüber den sozial desintegrativen Zügen der attischen Demokratie, die kulturelle Kompensation der zersetzenden Kraft sophistischer Aufklärung dar. Auf die Frage, ob er sich im Bewußtsein der Gefährdungen moderner Massendemokratien ein funktionales Äquivalent des antiken Delphi in unserer Zeit vorstellen könne, gab der Referent die ein wenig verlegene Antwort, für ein neues Delphi gäbe es bei uns vermutlich zu wenig Intelligenz. Wenige Stunden später ergänzte der Althistoriker seinen dezenten kulturkritischen Hinweis vom Nachmittag um die klärende Bemerkung, wir hätten freilich zu viele Leute, die dauernd Krisen herbeireden würden. Und diese Leute nannte der Althistoriker Intellektuelle.

Diese feinsinnige Unterscheidung von zu wenig Intelligenz und zu vielen Intellektuellen folgt einem alten Schema der Mandarine, der *Dichotomie von Geist und Intellekt*.

Was einst vieldeutig als Dialektik von Verstand und Vernunft begonnen hatte, ist später zum dichotomen, binären Code vereindeutigt worden. Die Ausgrenzung der Intellektuellen wird im 19. Jahrhundert Grundlage der geisteswissenschaftlichen Ideologie der Mandarine. Die wertende Hierarchisierung sichert den Männern des Geistes den *elitären* Status, während der Ausschluß der Intellektuellen und die Verachtung des flachen Verstandes sie gleichzeitig von unnötigen Begründungszwängen *entlasten*. Die elitäre Hierarchisierung zerstört die *egalitären* Fundamente der modernen Rationalität, der autoritäre Begründungsabbruch neutralisiert die *rationale* Bindungskraft egalitärer Diskurse. Im Land der Mandarine wird der *Geist zum Antiintellektuellen*.

Ein anderer Reisender aus diesem Land, ein Philosoph, war ein knappes halbes Jahr vor seinem Kollegen, dem Althistoriker, in Boston und in New York zu Besuch. Er sprach über Geist und Politik. Zuerst, in Boston, vor Philosophen, war der Geist an der Reihe. Hier war der Philosoph ganz optimistisch, die ontologische Grundlegung der Transzendentalphilosophie und die Rehabilitierung des Absoluten schienen endlich zum Greifen nahe, die Vertreibung des von intellektueller Geschwätzigkeit vergifteten Skeptikers aus dem Tempel des Geistes unmittelbar bevorzustehen. Tage später, in New York, vor einem eher soziologisch und sozialphilosophisch orientierten Publikum, ging's dann um Politik und Urteilskraft, und aus dem optimistischen Theoretiker der spekulativen Vernunft wurde flugs ein skeptischer Pessimist in Fragen praktischer Vernunft. Der pessimistische Kenner der menschlichen Praxis legte sogleich den Finger auf die Wunde all jener schlappen Demokratietheorien, die im Dunkelfeld zwischen Hannah Arendt und der westdeutschen Nachkriegsaufklärung in Blüte standen. Woran es ihnen allen mangele, sei eine Theorie der (starken und durchsetzungsfähigen) Institutionen: der rechte Sinn für die gründende Autorität eben auch demokratischer Institutionen, die, den Illusionen freier Einigung entrückt, in der realen Politik vor allem zwingend herrschen und bindend entscheiden müßten. Gefährlicher und schwärmerischer Utopismus sei hingegen die Idee, »Institutionen und Gesetze eines Landes« nur unter der einschränkenden Bedingung gelten lassen zu wollen, daß sie nichts als »die Meinung« verkörpern, »auf die sich viele öffentlich geeinigt haben« (Hannah Arendt).[1] Für so etwas hat der Philosoph nur Verachtung übrig: That's nothing. Talk, talk, talk ...

Das konservative *Bündnis von »optimistischer Metaphysik«*

und »sozialem Pessimismus« (Max Horkheimer)² war für die alten Mandarine noch stark genug, um jeden Gedanken an die Republik und den demokratisch verfaßten Staat weit von sich zu weisen und dort, wo er ihnen aufgenötigt wurde, seine »Aufhebung« im Autoritären zu fordern. Ihre Erben haben zähneknirschend lernen müssen, ihr autoritäres Gesellschaftsbild mit den irreversibel scheinenden Realitäten zu versöhnen, wo diese unnachsichtig zur Akzeptanz des institutionellen Kerns der Massendemokratie zwingen. Nachdem in zwei Kriegen die Fundamentalopposition gegen die westlichen Demokratien mit ihrem abstrakten Moralismus, utopischem Rationalismus und kaltem Intellektualismus zusammengebrochen ist, gilt es nun, das alte Bündnis von optimistischer Metaphysik und sozialem Pessimismus für begrenztere *ideologische* und *kulturelle* Zwecke wieder flottzumachen. Worum es den neukonservativen Erben im Land der alten Mandarine heute allein zu tun ist, ist die *Entlastung der Massendemokratien vom demokratischen Bewußtsein der Massen*. In ihren Augen wird die machtpolitische Funktionsfähigkeit aller westlichen Demokratien durch zu viele Intellektuelle und das falsche Ideal öffentlicher und egalitärer Willensbildung bedroht. Dem soll die entschlossene *Ridikülisierung jeder emphatischen Idee der Demokratie* gegensteuern. Daß das Emphatische dieser Idee die sittliche Substanz der westlichen Zivilisation ausmacht, haben sie nicht verstanden. Darin sind sie die Erben der Mandarine.

Die Intellektuellen sollten sich den Blick für diese Situation nicht trüben lassen, sondern ihn an Siegfried Kracauers »Minimalforderungen an die Intellektuellen« von 1931 schärfen. Vor allem dürfen sie sich von den gegenintellektuellen Erben der Mandarine nicht einreden lassen, daß auch ihnen und ihren Idealen nur konstruktive Kritik weiterhelfen könne, volkspädagogische Sinnstiftung, etwas Positives, etwas Alternatives, wärmende Bekenntnisse, ein bißchen mehr Takt und Freundschaft, gläubige Buntheit, ein kommender Gott oder deren viele – und was dergleichen Dinge mehr sind. Überhaupt sollten sie sich vor allzu frommen Idealen hüten: »Die Aufgabe der Intellektuellen ist nicht, das Ideal ... einfach hochzuhalten, sondern es einzuklammern, es in die dialektische Beziehung zu den augenblicklichen Möglichkeiten seiner Realisierung zu bringen.« Und vor allem: »Ideale, die der Intellekt nicht angefressen und geschmeckt hat, sind unnütze Naturprodukte.«[3] Mit dem Rückfall der Intellektuellen in Naturkategorien, neue und alte Mythologien wird den Gegenintellektuellen ein allzu bequemes Arrangement offengehalten. Zu Kompromissen mit vorgeblich tief sitzenden metaphysischen Bedürfnissen sollten die Intellektuellen sich nicht verführen lassen. »Ohne Leitbild« (Adorno), ohne höhere Legitimation sollten sie auf dem »uneingeschränkten Gebrauch ihres Intellekts« bestehen[4], und das heißt ja nichts anderes, als auf der Macht des Negativen und dem Recht zur *negativen*, *destruktiven* Kritik. Dieser Anspruch, »der wider die angeborene und«, wie Kracauer ausdrücklich hervorhebt, »die erworbene Natur ist«, kann den Intellektuellen nicht geschenkt werden: »die Natur zum mindesten versuchsweise außer Kraft zu setzen, soweit es nur irgend geht. Nichts anderes ist der Intellekt als das Instrument der Zerstörung aller mythischen Bestände in und um uns.« »*Abbau aller naturalen Mächte*« und sonst nichts ist die Aufgabe der Intellektuellen. »Verlangt ist: daß sie kraft ihres Intellekts (und übrigens ist das kein höherer, sondern schlicht derselbe, ›den sie vielleicht innerhalb ihres engeren Arbeitsgebietes ganz gut zu gebrauchen wissen‹) sämtliche vorgegebenen Positionen radikal in Zweifel ziehen.«[5]

»Die an den Intellekt der Intellektuellen gerichtete Forderung, den Abbau des Mythologischen zu betreiben, zielt auf ein *destruktives Verhalten* ab. Es hat stetig Ideologien zu entlarven und dadurch alle hingenommenen Intentionen auf die Probe zu stellen.«[6]

Das alles heißt nun nicht, daß die Intellektuellen im Land der Mandarine nicht versuchen sollten, deren Erben, die heutigen Gegenintellektuellen, zu *verstehen*. Verstehen ist immer konkret auf Situationen gerichtet. Auch »das destruktive Verhalten der Intellektuellen hat« deshalb »die Situation seiner Träger zum Ausgangspunkt« zu nehmen.[7] Und da fällt natürlich sofort auf, daß Intellektuelle und Gegenintellektuelle sich in *derselben Situation* befinden. Gewiß, es wäre etwas unsensibel, den letzteren deswegen gleich Kracauers »Minimalforderungen« anzuempfehlen. Aber zweifelsfrei sind die neuen Gegenintellektuellen *objektiv* in keiner anderen Situation als die Intellektuellen. Der einzige Unterschied ist der, daß erstere genau dies heftig bestreiten. Unzufrieden mit der Intellektuellenrolle versuchen sie diese zu dementieren und sich von ihr zu distanzieren; sie bewegen sich somit zwischen gelungener Rollendistanz und neurotischer Realitätsflucht. Obwohl ihre Situation objektiv von der der alten Mandarine doch sehr verschieden ist, versuchen sie subjektiv die etwas unhandliche Aufgabe zu lösen, das alte Erbe in der neuen Lage zu erhalten und zu mehren. Der Versuch, diese konkrete Situation zu verstehen, zwingt uns also zur historischen Situationserweiterung. Wie gerieten die Gegenintellektuellen in diese unbequeme Lage?

Auf diese Frage werden wir zurückkommen. Hier nur soviel. Im Land der Mandarine blieb aus einer Reihe von Gründen objektiver Natur die Aufklärungstradition bis in die Mitte dieses Jahrhunderts unter Verschluß und damit die Rolle des modernen Intellektuellen lange fremd und ortlos. Solange die Mandarine herrschten, konnten die Intellektuellen aus der Kultur ausgegrenzt, sozial an den Rand gedrängt oder, wenn nötig, politisch verfolgt und verjagt werden. Zu letzterem Mittel haben die Mandarine und die, denen sie dienten, freilich häufiger als unbedingt nötig gegriffen. Unter der Herrschaft der Mandarine blieb den Intellektuellen nur eine einflußreiche Rolle, die des inneren Feindes. Die Mandarine übernahmen ihrerseits selbstbewußt die Aufgabe einer umfassenden *ideologischen Kompensation*. Sie suchten in einer materiell revolutionierten Gesellschaft das Nichtvorhandensein demokratischer Verständigungsverhältnisse durch eine *konservative Kultur* auszugleichen, also – wie wir schon gesehen haben – mit geistiger Aristokratie, elitärem Antiintellektualismus, metaphysischem Optimismus, sozialem Pessimismus und der Ausgrenzung westlicher Ideen. Am Ende erwies sich der groß angelegte Versuch, für eine moderne politische Kultur traditionalistischen Ersatz herbeizuschaffen, leider als selbstdestruktiv. Er führte zu dem, was die (zahlreich) übriggebliebenen Mandarine nach dem zweiten verlorenen Krieg düster die »große Tragödie« oder bedeutungsschwer ein »Seinsgeschick« nannten.

Der Glaube an den eigenen Sonderweg in die neue Zeit hat sie die alte Einsicht Hegels vergessen lassen, daß ein Loch im Selbstbewußtsein zwar verleugnet, aber nicht gestopft und kompensiert werden kann. Die Kompensationsversuche dienen immer nur der Verleugnung, während unterdessen das Loch größer und größer wird und das Selbstbewußtsein längst, ohne es noch zu merken, auf dem Weg in die Selbstdestruktion ist. Ausgerechnet diesen Weg der ideologischen Kompensation von Modernisierungsfolgekosten durch »aufgewärmte Ewigkeitswerte« (Adorno) und festgeschraubte Traditionen wollen die neuen Gegenintellektuellen wieder beschreiten. An die Stelle des demokratischen Bewußtseins sollen austauschbare Herkunfts- und Glaubensmächte treten. Das ist jedoch ein folgenschwerer Kategorienfehler. Das Selbstbewußtsein ist nämlich kein Strumpf: »Ein geflickter Strumpf ist besser als ein zerrissener; nicht so das Selbstbewußtsein.« (Hegel)[8]

Zwischen dem alten und dem neuen Kompensationsversuch liegt das definitive Ende der Mandarinenhegemonie, das durch hastiges Beschweigen ihrer Verwicklung ins Regime der »großen Tragödie« zwar noch hinausgezögert, aber nicht mehr abgewendet werden konnte. Am Ende schließlich wurde offenbar, daß die Intellektuellenrolle nun auch im Land der Mandarine zu einer vergleichsweise starken und stabilen Institution geworden war. Aber das konnte den alten Mandarinen und ihren neuen Schülern natürlich auch nicht recht sein. Zwar, immerhin, eine starke und stabile Institution, aber die falsche. Da regte sich bei ihnen bisweilen ein anarchischer, antiinstitutioneller Affekt, dem sie in besseren Zeiten ja auch schon gelegentlich nachgegeben hatten. Unter solchen Umständen ist es ganz verständlich, daß sie nervös und zu militanten Gegenintellektuellen wurden.

Ihre Idee ist, durch Ideologieplanung die eigene Intellektuellenrolle zu unterlaufen und die alte Kompensationsfunktion nun ganz bewußt und technisch *als Funktion* von Philosophie, Geschichts- und Geisteswissenschaften zu planen und zu konstruieren. »Man fordert von der Philosophie, da die Religion verloren, daß sie sich aufs *Erbauen* lege und den Pfarrer vertrete.« (Hegel) Daß so etwas nicht funktionieren kann, wußte Hegel natürlich. Zumal *nach* der erfolgreichen Institutionalisierung der Intellektuellenrolle ist es wahrscheinlich, daß die Klagen der von neuem politisierend durchs Land ziehenden Geisteswissenschaftler ortlos bleiben. Ihre hegemonialen Pläne dürften mitsamt den abenteuerlichen Restaurierungsvorschlägen für eine konventionelle kollektive Identität von der argumentativen Logik des praktischen Diskurses schnell zerrieben werden. Das wenigstens ist zu erwarten, sobald die Pläne sich der planenden Vernunft in den gegenintellektuellen Redaktionsstuben, Parteizentralen und Verlagshäusern entwinden, um in den subjektiv unverfügbaren Raum öffentlicher Selbstverständigung entlassen zu werden. Ein Prozeß, der gegenwärtig in der öffentlichen Kontroverse um den Versuch der Gegenintellektuellen, die Geschichte der »großen Tragödie« in ein neues, milderes Licht zu tauchen, empirisch beobachtet werden kann.

Ganz wie die alten Mandarine legen die neuen Gegenintellektuellen großen Wert darauf, für Männer der Realpolitik zu gelten – nur, daß der früher meist heroische inzwischen einem funktionalistisch ernüchterten Realismus gewichen ist. Unglücklicherweise ist genau dieser Realismus an ihrer heutigen unbequemen Lage schuld. Er ist nämlich in Wahrheit ein *pathologischer Realismus*, der blind ist für die Eigentümlichkeiten der *sozialen* Realität. Ganz anders als die zitierte Hannah Arendt halten die, die gerne die *neuen* Mandarine wären, die öffentliche Meinung für formbaren Stoff. In diesem Punkt sind sie nicht sehr weit von der Vorstellung des Mannes entfernt, der damals ihre Lehrer, die Mandarine, in die »große Tragödie« geführt und der die Massen, und das war damals ein Ausdruck tiefster Verachtung, für feminin gehalten hatte. Heute führt die pathologische Vorstellung von der orientierungssüchtigen, blinden Masse, die dringend der Lenkung durch die kluge Elite bedarf, zu skurrilsten Vorschlägen. So schlug ein Antisoziologe und Intellektuellenfeind vom alten Schlag einem seiner schärfsten Gegner vor: Rechte Wissenschaftler und linke Intellektuelle, »zwölf bis höchstens zwanzig« an der Zahl, mögen zu einer Notgemeinschaft zusammenfinden, um »sich in persönlichem Kontakt über die Möglichkeit einer von ›beiden Seiten‹ gestützten ›öffentlichen Meinung‹ einmal auseinanderzusetzen«.[9] In einer Situation, in der der gegenintellektuelle Antisoziologe durch seinen verzweifelten Vorschlag, mit den Intellektuellen die Meinungsführung zu teilen, sich zur Akzeptanz der eigenen Intellektuellenrolle genötigt sieht, bleibt ihm nur mehr die letzte Hoffnung, Intellektuelle und Gegenintellektuelle könnten gemeinsam noch einmal die Elite bilden, die die dumme Masse braucht: Volksfront von oben. Ein anderer Fall solch hartnäckiger Realitätsverleugnung ist die Vorstellung eines Historikers, das Bewußtsein der Massen wäre eine Art leerer Pokal, den jener gewinnt, der ihn als erster mit sinnstiftenden Geschichtsdeutungen wie eine Bonbonniere zu füllen versteht: »die Zukunft gewinnt, wer die Erinnerung füllt, die Begriffe prägt und die Vergangenheit deutet.«[10]

Da der zitierte Historiker zwar konservativ, aber kein Antisoziologe ist, besteht in solchem Fall Hoffnung auf eine wenigstens soziologische Aufklärung. Da könnten die Intellektuellen sich nützlich machen. Die Einladung zur Beteiligung am Rennen um die prägende Semantik aber werden sie ausschlagen müssen.

Dies Land der Mandarine ist Deutschland, dort währte ihre Herrschaft ungefähr von 1860 bis 1960. Sie war von Anfang an eigentümlich irreal, scheinhaft und immer schon ein wenig gespenstisch – kulturelle Hegemonie ohne reale Macht. Das unterscheidet sie von jener der alten chinesischen Literaten. Die Ähnlichkeit ist am auffallendsten in der ideologischen Bedeutung des Bildungswesens und der akademischen Zertifikate. Die Prüfungen im alten China stellten, so sieht es auch Max Weber, »ähnlich etwa wie bei uns im Religions-, Geschichts- und deutschen Unterricht Proben einer einigermaßen vorschriftsmäßigen Gesinnung« dar.[11] Die deutschen Mandarine waren die Klasse der akademisch Gebildeten, ihre Kader Universitätsprofessoren, vornehmlich der alten Philosophischen Fakultäten.

Der Affekt gegen die Intellektuellen

Auf den ersten Blick scheint es, als hätten die Intellektuellen in unserer Gesellschaft den Platz besetzt, den einst Zauberer und Schamanen, Dichter und Sänger, später Priester und Kleriker, Philosophen und Propheten innehatten. Aber der erste Blick trügt. So wenig die Intellektuellen die neue Priesterklasse der Moderne sind, so wenig eignen sie sich zu Philosophenkönigen, sie haben das Meisterdenken, das Suchen, Finden und Verkünden zeitlosen Wissens und höherer Wahrheit gründlich verlernt. Seinsvergessen allesamt, lassen sie die Frage nach dem Ursprung und dem ersten wie dem letzten Anfang auf sich beruhen. Intellektuelle sind keine Metaphysiker, weder Onto- noch Theologen. Selbst wenn sie immer noch der einen oder andern Spur der alten Philosophen folgen, sind sie doch keine Philosophen mehr. Jedenfalls haben sie den Teil des idealistischen Erbes, der ihnen den privilegierten Zugang zur Wahrheit und die exklusive Teilhabe am unbedingten, absoluten Wissen versprach, ausgeschlagen, oder sie haben sich an ihm verhoben. Der Ort des Intellektuellen ist ausschließlich die moderne Kultur, und seine Rolle ist historisch neu. Sie setzt, wie wir noch sehen werden, eine tiefgreifende Transformation der Philosophie voraus.

Das verzerrte Echo des okzidentalen Intellektualisierungsprozesses ruft seine Gegenbewegungen hervor, die antreten, ihn zu ergänzen, zu korrigieren, umzuleiten, abzudrängen, zu stoppen oder gar zurückzuzwingen. Wo auch immer intellektuelle Zwischenrufe zu vernehmen sind, schallt Antiintellektualismus zurück. Das ist an sich ganz normal, zumindest nicht ungewöhnlich, manchmal etwas unfair und des öfteren allzu natural roh. Aber so ist es eben: »Die Natur ist konservativ« (Moeller van den Bruck). Dieses Vertrauen in die Natur, vor allem in die »erworbene« zweite, gegen die

Kracauer das intellektuelle Messer zückt, ist seit den Tagen des alten Burke eine wichtige Stütze aller antiintellektuellen Affekte: »Durch glücklich geleitetes Vorurteil wird des Menschen Pflicht zuletzt ein Teil seiner Natur.«[12]

Der Antiintellektualismus ist älter als der heute übliche Gebrauch des Wortes »Intellektuelle«. Letzteres ist selbst eine Hervorbringung des Antiintellektualismus während der Dreyfus-Affäre Ende des letzten Jahrhunderts in Frankreich. Die Intellektuellen haben das Stigma aufgegriffen und selbstbewußt besetzt, eine Technik, die sie mittlerweile in vielen Minderheiten erfolgreich wiederholen konnten.

Die Entstehung des modernen Antiintellektualismus läßt sich ziemlich genau datieren. Ein Jahr nach der Französischen Revolution hatte Edmund Burke die Schuldigen an jenem Ereignis identifiziert, das sein deutscher Übersetzer und Verehrer Fr. Gentz das »Urverbrechen« nennt: »Literatenbanden«, Komplotte und Intrigen schmiedende »philosophes«, ungläubige, entwurzelte Sinnproduzenten ohne Sinn für Politik und Gemeinschaft, aber im Besitz der öffentlichen Meinung, okkupieren »all the avenues to literary fame«, »verbittert, anmaßend, kurzsichtig«, eine kriminelle Vereinigung »gewalttätiger und boshafter Zeloten«, von »kalten Herzen und schmutzigen Gedanken« nur zu dem Zweck, den Staat lächerlich zu machen und die Vielen gegen die Wenigen aufzuwiegeln: Sie »täuschten moralisches Engagement für die Sache der Armen und Unterdrückten vor, nur um in ihren haßerfüllten Satiren die Fehler des Hofes, des Adels und der Priesterschaft maßlos zu übertreiben«.

Seit 1789, als ihnen der Schrecken der Autonomie in die Glieder fuhr, gibt es Gegenintellektuelle. Für 180 Jahre hatten sie, wie Peter Steinfels lakonisch bemerkt, alle Hände voll zu tun, die Themen, die Burke ihnen vorgegeben hatte, auszuarbeiten.[13] Durchgängig dachten die deutschen Mandarine in der Zeit vor dem Ersten Weltkrieg vom Intellektualismus der Aufklärung ähnlich wie Wilhelm Dilthey: »Eine abstrakte, mit falschem Anspruch auf Allgemeingültigkeit auftretende Theorie wirkt revolutionär und zersetzend auf die geschichtlichen Ordnungen der Gesellschaft.«[14] In den zwanziger Jahren ist Diltheys Schüler Herman Nohl schon sehr viel entschlossener, aggressiver, im Ton drohend, wenn er seinen Mitstreiter aus der Jugendbewegung, den liberalen Pädagogen Gustav Wyneken, intellektueller Neigungen verdächtigt: »Wenn Wyneken einmal sagt, daß man den ›problemlosen‹ Jungen nicht mehr wolle, so nimmt er ihm gerade das, was das eigentliche Glück der Jugend ausmacht, ihre gesunde Dumpfheit des inneren Wachsens. Wie denn auch die bedenkliche Seite der Schulgemeinde ist, daß sie dem Kind die fruchtbare Ruhe der Häuslichkeit und der Familie mit ihrer Verborgenheit und ihrem Reichtum an konkretem und undiskutiertem Leben versagt... Das ewige Debattieren, Kritisieren und Zerreden hat dann gerade jene unjugendliche abstrakte Helle der Reflexionsbildung zur Folge, von der die Sturm- und Drangpädagogik durch ihren Jugendbegriff das erwachsene Leben heilen wollte.«[15]

Je rechter, desto naturaler.

Bismarck hatte das Stichwort vom »geistigen Proletariat« gegeben, begierig haben es die Mandarine aufgegriffen, und an der Schwelle des Faschismus, bei Gertrud Bäumer, ist aus dem Proletariat längst die »geistige Pest« geworden. Andere beschwören das »biologisch gesunde« Gefühl gegen die »Trümmergehirne in den Literatencafés«, in den zwanziger Jahren wimmelt es nur so von »verkümmerten Organen«, »Mitleidsgesinnung«, »Gefühlsschwindsucht« und »Hamletübeln«, »entarteten Söhnen des Großbürgertums«, »innerlich zerfressenen, haltlosen Geschöpfen«, »tatscheuen, weibischen Ichmenschen«, deren kranker Intellekt das »Vehikel egoistischer Antriebe« und »Marktinstinkte« ist. Die durch Nietzsche, Dilthey und Weber vermittelten Typuslehren gebären immer neue Typen des Menschentums. Keineswegs nur auf der äußersten Rechten ist der Intellektuelle, wie auch für Theodor Heuss 1916, ein »überwiegend asozialer Typus« mit »egozentrischer Weltbetrachtung«.[16] Bei Scheler fällt er

1914, in einem Aufsatz, der wenige Tage vor Kriegsausbruch abgeschlossen wurde, unter die Kategorie des »biopsychischen« »Vitaltypus«, »demokratisch«, mit »angsthaft-rechenhaftem« »Erbwert«. Immer wieder fällt die Zuschreibung der »puren Kopfbildung und des Intellektualismus« mit verdrückten Sexualprojektionen und dem Haß auf Glück und Lust zusammen: »Luxus und Raffinement«, »sinnliche Launen«, »Geschäftsgeist«, »Dirnentum«.[17]

Das ist 1919 der wahre Grund des deutschen Elends: »Die unerhörte Überproduktion an Intellekt und Intellektuellen verseuchte rasender als die Syphilis die Menschheit.« »Die Intellektuellen sind das Gehirn-Bordell des Bürgertums ... die Balletteusen der Fleischlosigkeit, nackt bis zu den Gazeröckchen: sie tanzen immer Begriffstänze auf kleinen Privatbühnen, scharf betrachtet von den lüsternen Augen derer, die sie mieteten.«[18]

Auf Thomas Manns Rede »Von deutscher Republik«, in der er sich 1922 von seinen eigenen antidemokratischen und antiintellektuellen »Betrachtungen eines Unpolitischen« distanziert und für die Republik Partei ergriffen hatte, reagierte Wilhelm Stapel mit einem ähnlich wahnhaften, aber keineswegs unüblichen Ausbruch. Nachdem er aus seinem Traum von »der Führung erlesener junger Bauern« jäh erwacht und durch die Rede des umgekippten Mandarins in die bittere Realität zurückgerufen wird, klagt er: »Nun haben wir statt der Bauern ein wissenschaftliches Proletariat. [...] Die ›Freiheit‹ fing damit an, daß auf den Bühnen parfümierte Sexualstücke aufgeführt wurden, daß auf allen Bahnhöfen der ›Junggeselle‹, der ›Reigen‹, ›Ich und die Großstadt‹ dem freien Volk aufgedrängt wurden. [...] Unter all dem geil aufwuchernden Luxus aber kämpfte das deutsche Volk. [...] Wäre ein *echter* Republikaner dagewesen, der mit harter Hand den Luxus und den Sexualienbetrieb unterdrückt hätte – so daß Deutschland kein luxuriöser Salon für prassende Ausländer geworden wäre –, der eine karge, strenge Volkssitte, wie sie dem Charakter der Deutschen entspricht, durchgeführt hätte [...]«[19] Als der »echte Republikaner« dann als »Führer« kam, konnte Gottfried Benn befriedigt feststellen: »Der neue Staat ist gegen die Intellektuellen entstanden.«

Antiintellektualismus und *Antisemitismus* gehen fast immer zusammen, spätestens seit der Dreyfus-Affäre sind beide Vorurteilsmuster miteinander verwoben. Der »Barrikadenheroismus« »französisch«-»methodischer« Intellektueller gehört »einer andern Rasse« an als die »heroische Stimmung« von »deutscher Seele« und »deutscher Totalität«.[20] Seit 1914 war es unter deutschen Professoren üblich geworden, die universalistisch gleichmacherischen »Ideen von 1789« im Namen der deutschen Kriegsziele, die sie damals siegesgewiß die »Ideen von 1914« nannten, zu denunzieren. In den zwanziger Jahren hieß die Formel, die Intellektuelle und Juden zusammenführte, »kosmopolitischer Ullsteindeutscher«. Nicht erst seit Treitschke und dem Berliner Antisemitismusstreit korreliert das intellektuellenfeindliche Muster mit gröbstem Antisemitismus. Treitschke ist beileibe kein Einzelfall, sondern paradigmatisch. Nur durch die effektvolle öffentliche Inszenierung unterscheidet der Mandarin Treitschke sich vom gewöhnlich politikentrückten, in der Massenkommunikation noch ungeübten deutschen Mandarin der Vorkriegszeit: »Am gefährlichsten aber wirkt das unbillige Übergewicht des Judenthums in der Tagespresse. [...] Zehn Jahre lang wurde die öffentliche Meinung in vielen deutschen Städten zumeist durch jüdische Federn ›gemacht‹.«[21] 1879 signalisierten Sätze wie diese den »Anfang vom Ende des ›liberalen Zeitalters‹« (Hans Rosenberg). »Die ›Nation Kants‹ (Treitschke) berief von nun an keine Juden mehr in ordentliche Professuren (bis 1903).«[22] Noch Jahre nach Treitschkes unsäglichem Pamphlet empfand der stillere Wilhelm Dilthey klammheimliche Freude über den gelungenen Schlag gegen die Juden. In froher Erwartung des nächsten Treffers informiert er am 31. 12. 1882 den Grafen Yorck: »Treitschke schreibt über das Gymnasial-Unwesen, und es wird wieder ein kräftiger Schlag werden, wie seinerzeit der gegen die Juden.«[23]

Bei Ernst von Salomon wird 1930 die Verbindung von Intellektuellenschelte und Judenfeindschaft zum exakten Ausdruck des jungkonservativen Schreckens vor der Autonomie: »Fremdstämmige Intellektuelle«, »händlerisch eingestellt durch Rasse und Art, nutzen ihren Intellekt auch händlerisch und zwar in jener besonderen Weise, die dem Deutschen eine Unmöglichkeit ist. Das Mittel des Intellektuellen ist das Wort, und dieses Wort ist laut. Und dieses Wort füllt eine Leere, die sonst erschreckend grinst. Und es füllt diese Leere glitzernd und blendend und verdeckt so die Gefahr.«[24] Die autonome Ratio öffentlicher Selbstverständigung ist in dieser expressionistischen Perspektive nur rhetorisches Blendwerk über der Leere, in die die moderne Gesellschaft nach Auflösung der gemeinschaftsstiftenden Kraft mythischer Erzählungen und religiöser Weltbilder gestürzt sein soll. Das ist, einschließlich der stereotyp wiederholten Anklage, eben dies sei zugleich das Ergebnis »intellektueller Zersetzung«, bei den Jungkonservativen nicht anders als beim alten Burke. Neu ist nur der Flicken, der das Loch im Selbstbewußtsein stopfen soll: Antisemitismus als Kompensation jener Autonomie, die zu zerstören treibendes Motiv des antiintellektuellen Affekts stets noch ist.

Wie der Antisemitismus ist der *Antikommunismus* bzw. Antisozialismus nicht erst seit 1918 ein Verbündeter dieses Affekts. Natürlich gibt es auch einen Antiintellektualismus, der frei ist vom Haß auf Juden, Demokraten oder Kommunisten. Aber es dürfte kaum eine Form der Intellektuellenfeindschaft geben, die, vor allem was den Antisemitismus und den Polizeiblick auf Minderheiten und Verstoßene angeht, nicht mindestens *ambivalent* wäre.

Für *alle* konservativen und rechten Versionen des anti- oder gegenintellektuellen Affekts scheint ein *seit Burke invarianter Kern* von Grundannahmen der Gegenaufklärung (oder »Nachaufklärung«, wie sie neuerdings heißt) unverzichtbar zu sein. Er kreist um die positiv gewerteten Kategorien der ersten und zweiten Natur, um Sitte und Sittlichkeit, Geschichte und Geschichtlichkeit, Herkunft und Tradition, um das Naive, die Gemeinschaft und das Religiöse, um Glauben, Vorurteil und Autorität – auf dem Negativ-Pol erfolgen Herabsetzung des Verstands, Verachtung des Intellekts und Zerstörung der Vernunft.

Noch ein so widerwärtiges Produkt wie der Nazifilm »Der ewige Jude« zehrt in der Abgrenzung »jüdischer Rassenmoral« gegen »arische Sittlichkeit« vom symbolischen Kapital des deutschen Bildungstraditionalismus: von der Verhärtung idealistischer Dialektik zur vernichtungswütigen Dichotomie. Blut, Boden und Rasse tauchen bei aller Distanz von Jungkonservativen und Nazis zu Reaktion und altem Konservatismus fast nie isoliert auf, immer nur getragen vom überkommenen Sprachspiel der alten Feindschaft gegen den Rationalismus. Die rechte Literatur der zwanziger Jahre ist voll von Appellen an »Sitte« und »Sittlichkeit«, »Halt« und »Bindung«, »Hingebung, Treue und Ritterlichkeit«, »Einfalt« und natürlich: »das Glück der Abhängigkeit«, immer wieder »geistige Wirklichkeit« und »Überlieferung«, »Herkommen und Bedingtsein«, »Gemeinschaftswerte«, überhaupt »Werte« und die »Autorität des einzelnen«, und all die herrlichen Institutionen, denen der Intellektualismus immer nur mit verständnisloser Ironie begegnet, Kirche, Staat, Heer, Aristokratie, Justiz, Bürgertum, Ehe, Vaterland usw., ganz zu schweigen von den tragenden Kategorien Leben, Zeitlichkeit, Geschichtlichkeit. Wahrscheinlich war in keiner Zeit so viel von Geschichte die Rede wie zwischen 1920 und 1945. Selbst ein so unsentimental entschlossen in die konservative Zukunft vorlaufender Autor wie Gottfried Benn setzt 1933 ganz auf »geschichtlich durchlebte Landschaft, auf die sprachliche und kulturelle Tradition«, denn er weiß wie Heidegger, daß es »niemals eine Qualität (gab), die außerhalb des Historischen stand«. Und: »Im Grunde hat immer nur die Geschichte gedacht.«[25]

Die Kategorie, die alle Versionen des konservativen Antiintellektualismus übergreift, ist die der *Mitte*. Sie ist für den Alltagsaristotelismus eines moderaten und biederen Bildungsbürgertums ebenso anschlußfähig wie für den geopolitischen Militarismus jungkonservativer »Revolutionäre«. Sie ermöglicht den Aufbau flexibler und geschmeidiger, tief gestaffelter Frontlinien mit weit zurückreichenden Auffangstellungen und Nachschubbasen. Die Kontingenzformel von »Mitte« und »Mittellage« macht noch die letzten alteuropäischen und altkonservativen Reserven des rechten »Maßes« gegen Intellektualismus, Bolschewismus und Amerikanismus mobil. Wenn es dann mit der »konservativen Revolution« nicht so klappt, wie man sich das von Carl Schmitt bis Martin Heidegger gedacht hat, sind die Winterquartiere für den weiträumigen Rückzug in die Frontstellungen des Totalitarismusschemas längst bezugsfertig. Eine neuaristotelisch moderierte Mitte zwischen Hans Sedlmayr und Joachim Ritter sammelt die zerschlissenen Kräfte. Wird die Lageeinschätzung dann wieder optimistischer, so mehren sich abermals die Stimmen, die die Mitte des Aristoteles an die Mittellage Deutschlands assoziieren und diese triviale geographische Tatsache normativ aufladen. Dann dauert es nicht lange, bis die alte Parole von der »Geopolitik« in aller Munde ist, von Michael Stürmer bis zum Bundeskanzler, der das Fernsehen mit der Semantik der FAZ versorgt: »Deutschland ... Mitten in Europa, geopolitisch gesehen«, so am 2. 7. 86 in der ARD. »Positive Mittelstandspolitik« zwischen »Tat«-Kreis und CDU, für alle ist unter dem Dach der Mitte Platz, von Moeller van den Bruck bis zu Joachim C. Fest.[26]

Antiintellektualismus ist für rechtes und konservatives Denken *konstitutiv*. Es gibt keinen Konservatismus, der nicht in irgendeiner Weise antiintellektuell wäre. Das Spektrum reicht von der altkonservativen Warnung vor abstrakter Theorie und ortlosem intellektuellem Utopismus bis zur tödlich entschlossenen Intellektuellenfeindschaft der Faschisten. Francos General Millán Astraín eröffnet den spanischen

Bürgerkrieg mit dem Kampfruf: »Es lebe der Tod. Nieder mit den Intellektuellen!« – und ihren Sieg feiern die Falangisten am 2. Mai 1939 mit einem »Fest des Buches«: »Wir verurteilen zum Feuertod«, so die Regierungszeitung »Ariba«, »alle separatistischen, liberalen, marxistischen, antispanischen und antikatholischen Bücher; auch die Werke eines kränklichen Romantizismus, die pessimistischen Bücher, die des extravaganten Modernismus sowie die kitschigen pseudowissenschaftlichen und feigen Schriften – alle die vielen bösen Texte.«

Aber der Affekt gegen die Intellektuellen ist keineswegs ein Privileg der Rechten. Die exzessiven Formen eines *linken Antiintellektualismus* bleiben kaum hinter jenen des rechten zurück, auch wenn sie links seltener sind. Auch hier überwiegt das Naturale: Parasiten und »unorganisierte Fremdkörper«, »Gesinnungszigeuner«, »feige, hinterhältige, lieblose, schwatzhafte« »Schmarotzer am Volkskörper«, »Erreger völkischer Krankheiten« usw. – Beispiele rechter Semantik von links, freilich im zitierten Fall handelt es sich um Produkte einer diffus populistischen, eher unklar linkskommunistischen Stimmungslage nach der gescheiterten Revolution. Obwohl linke Intellektuelle in den zwanziger Jahren des öfteren die Semantik der »geistigen Revolution« und das Schema »Geist vs. Intellekt« beleihen, überwiegt in den Arbeiterparteien (übrigens bis heute) eine Semantik, die anstelle des (höheren und/oder völkischen) Geistes die Arbeiterfaust, rauchende Schlote und stählerne Produktivkräfte gegen den allzu sanften Intellektualismus mobil macht. Bei dem strammen Parteiintellektuellen Johannes R. Becher ist es kaum besser als bei den wirren Linkspopulisten aus der Frühphase der Weimarer Republik: »Armselige Räsoneure ohne Schwungmasse und Stoßkraft« strömen »im Café [...] ihren pestilenzartigen Geruch aus«. »Charakterlosigkeit und Verlogenheit« sind die stereotypen Merkmale des intellektuellen »Wanzentums«.

Die bekannte Leninsche Formel vom »schwankenden Rohr

im Wind« gestaltet später Brechts Tui-Roman. Rechte Verwandte hat auch die Thomas Mann entlehnte, ironische Abkanzelung der Intellektuellen beim späten Lukács. Bei Gottfried Benn heißt das »Grandhotel Abgrund« »gepflegte Abgründe«.[27] Eine solche Gleichsetzung von Benn und Lukács wäre unfair, würde sie verschweigen, daß von beiden schon der verächtlich gemachte Gegenstand verschieden beschrieben wird und die Perspektive der Kritik ganz entgegengesetzt ist. Bei Benn sammelt sich im gepflegten Abgrund der dekadente Abschaum des alten Rationalismus, Lukács glaubt im Grandhotel die Hautevolée des Irrationalismus versammelt. Benn verspottet die Versammelten im Namen des neuen Irrationalismus, während Lukács seine eigenen Maßstäbe einer intellektualistischen Geschichtsphilosophie entlehnt.

In zwei wesentlichen Hinsichten unterscheidet sich linker von rechtem Antiintellektualismus:

1. Linker Antiintellektualismus ist in der Regel *egalitär*, der rechte ist immer *elitär* (auch und gerade in seinen pseudoegalitären Formen mit Volksgemeinschaft, Führer und Gefolgschaft). Der Affekt gegen die Intellektuellen kann in elitären oder egalitären Begriffen *kognitiv rationalisiert* werden. Solche Rationalisierungsmuster liegen nicht nur richtungspolitischen Differenzierungen wie links und rechts zugrunde. Es dürfte sich bei ihnen um sehr viel allgemeinere *kulturelle Muster* handeln, die unter Umständen die säkulare *politische Kultur* eines ganzen Landes prägen können. So scheinen beispielsweise viele Beobachtungen zu bestätigen, daß der *elitäre Antiintellektualismus* in der Geschichte des Deutschen Reiches (1871 – 1945) eine deutlich hegemoniale Stellung behauptet, während verglichen damit die Vereinigten Staaten immer eher dem (richtungspolitische Differenzen *übergreifenden*) kulturellen Muster des *egalitären Antiintellektualismus* gefolgt zu sein scheinen.

Dieser populäre Egalitarismus muß nicht von vornherein (im Sinne Freuds) als rationalisierende Abwehr antiintellektueller Affekte verstanden werden. Seine Rationalität steckt im egalitären Anspruch auf Universalität. Wenigstens kann er als Korrektiv der elitären Abkapselung und hegemonialen Verselbständigung intellektueller Literaten- und Expertenkulturen wirken. Normalerweise würde er dann auf eine gerechtere Verteilung des »kulturellen« oder »symbolischen Kapitals« (Bourdieu) einer Gesellschaft drängen. Zumindest dürfte er die Begründungs- und Erläuterungspflichten für Expertenkulturen gegenüber betroffenen Öffentlichkeiten vervielfältigen. So etwas kann natürlich zu Überlastungen führen und die Funktionsfähigkeit sozialer Systeme stören. Gefährlicher sind *pathologische* Degenerationen, die zur Zerstörung des dem egalitären Antiintellektualismus eigentümlichen rationalen Moments, nämlich des Egalitarismus, führen können. Dafür ist die Jagd auf die Intellektuellen im Amerika des McCarthy-Ausschusses ebenso ein Beispiel wie die chinesische Kulturrevolution. Egalitärer Antiintellektualismus degeneriert zu autoritärem Pseudoegalitarismus; eine Gefahr, die bei populistischen Bewegungen immer besteht.

2. Linker Antiintellektualismus ist gegenüber dem antiintellektuellen Affekt mindestens *ambivalent*. Jedenfalls fällt auf, daß Texte, die diesem Affekt von links nachgeben, fast ausnahmslos den Begriff des Intellektuellen positiv besetzt haben, um dann regelmäßig das projektive Feindklischee an diesem edelkommunistischen Begriff zu messen. Standardbeispiele sind die spätestens seit Lukács gängigen Klassenverratstheorien des Intellektuellen. Der eigentliche Grund der linken Ambivalenz gegen den antiintellektuellen Affekt ist natürlich der rationalistisch-intellektualistische Ursprung und Rechtfertigungszusammenhang jener allgemeinen Emanzipationsideale, die der politischen Richtung links von der Mitte eigentümlich sind. Deshalb ist die Geschichte der linken politischen Bewegungen ohne einen positiv besetzten Begriff des Intellektuellen nur schwer vorstellbar. Linker Antiintellektualismus erzeugt regelmäßig und systematisch Selbstkritik. So antwortet zum Beispiel 1923 Franz Pfemfert dem »Genossen Franz W. Seiwert« auf dessen Forderung,

die »proletarisch gesinnten Intellektuellen« mögen sich selbst aufgeben: »Es ist nicht proletarisch, sondern kleinbürgerlich, den Intellektuellen an sich [...] als etwas Minderwertiges zu behandeln!« Kurt Tucholsky schreibt 1929 an die Adresse der Kommunistischen Partei: »Es ist ungemein bezeichnend, daß der Vorwurf: ›Der Kerl lebt zu gut‹, nie, niemals von einem Arbeiter zu hören ist, sondern immer nur von jenen Viertel- und Halb-Intellektuellen, die in der Partei arbeiten. Es gibt heute einen Snobismus der schwieligen Faust, der unerträglich geworden ist.«[28] Nach 1968 kann Herbert Marcuse sich nicht nur auf denselben Erfahrungshintergrund wie seinerzeit Tucholsky stützen, er kann seine zornigen Ausfälle gegen intellektuellen Selbsthaß auch einem bewährten linken Muster einfügen: »Wenn ich etwas widerwärtig finde, dann ist es der Anti-Intellektualismus der Linken. Widerwärtig und schamlos, besonders wenn man daran denkt, daß alle Führer der Arbeiterbewegung Intellektuelle waren und stolz darauf gewesen sind, Intellektuelle gewesen zu sein; daß die Arbeiterbewegung, nachdem sie die Intellektuellen rausgeschmissen hatte, nicht gerade sehr herrliche Taten vollbracht hat [...] Dieser masochistische Anti-Intellektualismus spielt in die Hände des Establishments, wenn irgend etwas in die Hände des Establishments spielt. Wenn ich Anti-Intellektualismus will, gehe ich zu Nixon und Agnew, aber ich erwarte ihn nicht in der Studentenbewegung und nicht in der marxistischen Bewegung.«[29]

Der positive Begriff des Intellektuellen, der in der Ambivalenz der linken Intellektuellenschelte zum Vorschein kommt, führt uns aus den Sümpfen des Antiintellektualismus heraus in die Hügellandschaft eines *egalitären Intellektualismus*. Diesem für Intellektuelle schmeichelhaften kulturellen Muster gelten deren selbstbewußte Sympathien seit den glorreichen Tagen der großen Französischen Revolution. Seit Descartes seinen »Diskurs über die Methode« mit dem Satz eröffnete, der Intellekt, nämlich der »gesunde Verstand ist die bestverteilte Sache der Welt; [...] von Natur gleich [...] bei allen

Menschen«, gilt Frankreich den Intellektuellen als Musterbeispiel einer durch egalitären Intellektualismus geprägten politischen Kultur – was sich selbstverständlich immer nur auf den egalitären Anspruch, nicht unbedingt auf das tatsächliche Verhalten der »Pariser Mandarine« (Simone de Beauvoir) bezieht. Die Erfolgsbilanz des egalitären Antiintellektualismus in Frankreich reicht grob gesagt ungefähr von Rousseaus Einfluß auf die amerikanischen und französischen Revolutionäre (in Deutschland blieb er auf Kant und den Überbau beschränkt), über Zolas massenwirksames und linkspopulistisch effektvolles »J'accuse...!«, das die Wende in der Dreyfus-Affäre brachte, bis zu Sartres vielfältigem Engagement zwischen Résistance und Algerien-Krieg.

Leider, wie wir nicht erst seit Luhmann wissen, steckt die soziale Realität voller Gefahren. Auch die Hügellandschaft des egalitären Intellektualismus ist bewölkt. Gewitter ziehen immer dann auf, wenn der egalitäre zum pseudoegalitären Intellektualismus degeneriert, der in Wahrheit nur ein schlecht getarnter *elitärer* ist. Das reicht von »tugendhaften Republikanern« (Heinrich Heine) der Französischen Revolution über die bedeutsamen und in der Kunst wie in der Politik einflußreichen Avantgardetheorien des Intellektuellen bis zum bürokratischen Sozialismus und allen möglichen linkstechnokratischen Phantasien.

Man sollte hier jedoch zwischen *pathologischen* Formen der Selbst- (und nicht nur »selbst«) Destruktion und solchen des *Übergangs* zur Institutionalisierung einer egalitären Intellektuellenrolle unterscheiden. Während der bürokratische Sozialismus mit Sicherheit eine soziale Pathologie ist, die mit der Selbstzerstörung der Gleichheitsidee im Pseudoegalitarismus parteigesteuerter Öffentlichkeiten zugleich jede intellektuelle Produktivität vernichtet, scheinen mir die Avantgardetheorien durchaus produktive Formen des Übergangs zu sein, die freilich an einem *absolutistischen Selbstmißverständnis* leiden, das ihnen eine Abwehr der egalitären Konsequenzen der eigenen Rolle ermöglicht. Im Modell, sei es der proletarischen Avantgardepartei, sei es des absoluten Künstlers, wird der intellektuelle Egalitarismus *virtualisiert*. Wird die Virtualisierung wie in den kommunistischen Parteien dauerhaft institutionalisiert, dann scheitert der Übergang und degeneriert zur (vermutlich unheilbaren) Sozial-Pathologie.[30]

Ganz anders liegen die Verhältnisse im Land der Mandarine. Dort haben diese das Muster des *elitären Antiintellektualismus* zu einem der Hegemonie über die politische Kultur des Landes gemacht. Dieses kulturelle Muster scheint von vornherein vom »normalen« Entwicklungspfad moderner Massendemokratien abgespalten zu sein. Unter Bedingungen moderner Gesellschaften ist es als solches pathologisch, ein systematisch verzerrtes, falsches Selbstverständnis.[31]

Die intellektuelle Transformation der Philosophie

Der Skandal ist bekannt. Sie sind allesamt Feinde der offenen Gesellschaft, Meisterdenker an den Schaltstellen der Macht-Wissens-Komplexe. Und der Skandal ist alt. Es ist der Zauber Platons, der seit den Anfängen des okzidentalen Rationalismus die Intellektuellen dazu verführt, zunächst einen privilegierten Zugang zur Wahrheit für sich selbst, für eine kleine Schar der Auserwählten, der Weisen und Aufrechten zu behaupten. Sodann leiten die Meisterdenker aus der nur von ihnen *erkannten* Wahrheit eine *praktische* Führungsrolle im Kampf um die Geschicke der Polis, später der Menschheit ab.

Gewiß, unverkennbar trägt Platons »Staat« – auch wenn das eine etwas unhistorische Charakterisierung ist – die Züge einer totalitären Gesellschaft, des autoritären Staats. Dort, wo die Philosophen Könige sind, ist der repressive Grundton auf jeder Seite zu spüren (auch wenn man bei weniger flüchtigem Lesen mehr entdeckt als die nackte Repression). Der Haß des Philosophen trifft alle »Schwächlinge« (VI. Buch 491 c – 492 b), »Gesundheit, Schönheit und edle Haltung der Seele« sind auf der Seite der Gerechtigkeit, »Krankheit, Häßlichkeit und Schwäche« Mächte des Bösen (IV. Buch, 444 b–e). An die Intellektuellenherrschaft bindet schon Platon das Glück der ganzen Menschheit: »Wenn nicht *die Philosophen in den Staaten Könige werden* oder die Könige [...] echte und gute Philosophen und wenn nicht in eine Hand zusammenfallen politische Macht und Philosophie [...] gibt es [...] kein Ende des Unglücks in den Staaten, ja nicht einmal im ganzen Menschengeschlecht [...]« (V. 473 a–d). Platons »Staat« ist das Paradigma aller Kritik am Meisterdenken der Intellektuellen; nicht nur, weil er so offen den Herrschaftsanspruch der Philosophen anmeldet; nicht nur, weil bei Platon gar nicht erst Zweifel darüber aufkommen, daß »die Andern« »die Arbeit tun«. Paradigma der Intellektuellenkritik ist das alte Buch vor allem, weil es das Recht des Bestehenden, die gewachsene Sittlichkeit der Polis, die überlieferte, reflexionslos tradierte Substanz der Lebenswelt *im Namen einer rationalistischen Utopie des wahren und gerechten Staates in Zweifel zieht* – und zwar auf eine Weise, die uns heute nicht anders denn totalitär erscheinen kann: »Alle Bürger, die älter sind als zehn Jahre im Staat, die schicken sie (die Philosophen – H.B.) hinaus aufs Land, ihre Kinder aber nehmen sie und erziehen sie ganz außerhalb der jetzigen Sitten, die auch ihre Eltern haben, in ihren eigenen (von den Philosophen vernünftig festgelegten und rational begründeten – H.B.) Sitten und Bräuchen« (VIII. 541 e–543 c).

Aus der Sicht der Neokonservativen hat sich seit Platon am elitären und besserwisserischen, arroganten und zersetzenden Selbstverständnis der Intellektuellen nicht viel geändert. Für den »Typus« des westdeutschen Linksintellektuellen und sein »emanzipatorisches Selbstverständnis« gilt immer noch:
 »1. Er neigt aus seinem Verständnis von der Höherrangigkeit des Geistes über die Macht dazu, die Macht seinem geistigen Anspruch zu unterwerfen und stets die schlechten Verhältnisse, nicht aber seine eigenen Ideen haftbar zu machen, wenn seine die Realität transzendierenden Vorstellungen politisch scheitern.
 2. Er versteht sich als Anwalt der Wahrheit, der Moral und der Humanität und wirkt doch durch seine radikale Skepsis darauf hin, daß Wahrheit, Moral und Humanität keine verläßlichen Bezugspunkte des sozialen Wertesystems mehr darstellen, an denen man sich orientieren kann.«[32]

Von Platons sizilianischem Abenteuer bis zum Pariser Mai ist es immer der gleiche Fehler. Von Sokrates bis Adorno, von Marx bis Marcuse, von Rosseau bis Sartre, von Lukaćs bis Mitscherlich ist es durchgängig das identische Strickmuster eines intellektuellen Unbehagens an der Kultur.

Aber ist es wirklich immer der gleiche Skandal? Und was genau ist der Skandal? Was ist sein philosophischer Kern? Haben die Intellektuellen seit Platon nichts gelernt (außer vielleicht, sich besser zu tarnen)? Und was hat der antike Philosoph überhaupt mit der höchst modernen Figur des Intellektuellen gemein?

Natürlich gibt es zahllose Berührungspunkte und Familienähnlichkeiten. Aber reichen sie, um das Klischee eines überhistorisch-gleichförmigen Meisterdenkens zu einem sachlich angemessenen Begriff aufzublasen?

Wie mir scheint, belehrt uns schon ein flüchtiger Blick auf die *Unterschiede*, auf die *historischen* Differenzen über die agitatorische Blindheit des Meisterdenker-Klischees.

Die intellektuellen Figuren unseres Jahrhunderts unterscheiden sich nicht nur in der *Physiognomie* von den alten Philosophenkönigen. Der öffentlich inszenierte konsequente Moralismus, das riskante Engagement des einzelnen, die Erregbarkeit sensibler Neurotiker, Aktualität und ein zeitdiagnostisches Interesse, das dasjenige am »Zeitkern der Wahrheit« (Adorno) mit dem am universellen *Wahrheitskern der Zeit* zu verschränken sucht; die Skandalisierung unerträglicher Zustände, die reflexive Verknüpfung der Philosophie mit den Banalitäten des Alltags, der Sinn für das Neue, selbst noch für Moden, das Gespür für plötzliche Umbrüche, die Durchdringung esoterischer Theorie mit zeitgeschichtlicher Erfahrung; das alles begründet Familienähnlichkeiten von Rosseau bis Sartre und unterscheidet das Bild der modernen Intellektuellen von der philosophisch-theologischen Tradition der intellektuellen Oberschichten früherer Jahrhunderte. Vor allem jedoch ist es die *soziale Rolle*, die den modernen Intellektuellen von seinen Vorgängern trennt: sie steht und fällt mit der Existenz und der sozialintegrativen Kraft einer *diskutierenden Öffentlichkeit*.

Der physiognomische und soziale Abstand des Intellektuellen zur Figur des Weisen oder Gelehrten hat einen *sozial- und ideengeschichtlichen Hintergrund*, der *Einheit* und *Differenz* des modernen Intellektuellen mit dem klassischen Philosophen deutlich hervortreten läßt.

Kontinuität und Bruch

Kontinuitäten sichert ein übergreifender Problemkontext. Generell geht es den Intellektuellen, nicht anders als den Philosophen oder den Propheten, um Probleme der Beziehung des Allgemeinen aufs je Besondere. Das *Allgemeine* sind Ideen, universelle Sätze und Imperative, mit denen der Verstand oder Intellekt *Ansprüche auf Wahrheit und Vernunft* anmeldet. Solche Ansprüche ermöglichen, und sie erzwingen, wo immer sie erhoben werden, eine kritische Distanz zu *allen* Vorgegebenheiten, konkreten Interessenlagen, überlieferten Konventionen und versteinerten Traditionen. In ihnen wendet das Allgemeine die »Macht des Negativen« (Hegel) gegen das Besondere. Insofern das Besondere zugleich das Irrationale verkörpert, zielt der Negativismus der Kritik methodisch auf eine »radikale« Auflösung und kognitive »Zerstörung des Besonderen«, das Sartre allerdings kurzschlüssig *ganz* mit Irrationalität identifiziert. Der Phänomenologe Sartre weiß natürlich, daß jeder Akt einer Auflösung des Besonderen ein solches auch schon wieder voraussetzt. Da Sartre nun den Intellektuellen durch das »theoretische Kriterium« der »Rationalität« und »Universalität« definiert, springt die Provokation des spezifisch *modernen* Intellektuellen sofort ins Auge. Es ist die *Radikalisierung der Spannung zwischen Allgemeinem und Besonderem* zu jener beweglichen, flüchtigen und widersprüchlichen Existenzform, die Sartre ein »einzelnes Allgemeines« nennt: »die Besonderheit der Intellektuellen ist nichts anderes als ihr eitles Verlangen nach Universalität.«[33]

Wie kommt es zum Bruch? – Bei Max Weber finden sich Hinweise auf eine entwicklungsgeschichtliche Erklärung, die noch den Bruch selbst *als Kontinuität* verständlich zu machen scheint, nämlich als konsequente Fortsetzung und Folge eines kontinuierlichen Rationalisierungsprozesses.

Weber hat zwei Begriffe des Intellektuellen bzw. des Intellektualismus. Der *erste* paßt ins Muster der gebildeten Intellektuellenfeindschaft seiner Zeit, auch wenn er ambivalent ist. Denn im Begriff der »schlichten intellektuellen Rechtschaffenheit«, die dem realistisch entschlossen mit seinem professionellen »Dämon« identifizierten Berufsmenschen zugeschrieben wird, steckt die positiv-protestantische Seite der Weberschen Ambivalenz gegen den modernen Typus des Intellektuellen. Aber Weber spricht von Intellektuellen auch noch in einem *zweiten*, übergreifenden Sinn. Dort nämlich, wo vom Prozeß der »Intellektualisierung« und seinen sozialen Trägern, den »Intellektuellenschichten«, die Rede ist, wird der Ausdruck synonym mit »Entzauberung« und »Rationalisierung« verwendet. Schon lange vor Anbruch der modernen Zeiten wurden die »Durchrationalisierung des Weltbildes und der Lebensführung« und die Vermittlung von »Ideen und Interessen« »von Intellektuellenschichten getragen«.

Was nun in diesem zweiten, übergreifenden Begriff die Priester, Propheten und Philosophen mit den modernen Intellektuellen verbindet und die Kontinuitäten stiftet, ist freilich keineswegs der Zauber Platons, wie die Neokonservativen seit Popper meinen. Es ist im Gegenteil der welthistorische Effekt eben jenes übergreifenden Intellektualisierungsprozesses, der am Ende *den Zauber zerstört*. Über diese Schwelle tritt der moderne Intellektuelle in die Geschichte ein. Nichts anderes als die *übergreifende Kontinuität* der von »Intellektuellenschichten getragenen« Intellektualisierung selbst bewirkt schließlich den *Bruch*. Die Differenz, die den modernen Intellektuellen von nun an vom Philosophen, den Wissenschaftler vom Propheten und den professionellen Experten vom »alten ›Kulturmenschentum‹« trennt, ist selbst das Werk fortschreitender Entzauberung.³⁴ *Der Bruch schmilzt die verbleibenden Gemeinsamkeiten auf den Kern zusammen, der einer fortschreitenden Intellektualisierung standhält.*

Dieser Kern ist die *Autonomie der Vernunft.* Das konservative Entsetzen, das ihr gilt, wird gewöhnlich mit hermeneutischen Standardargumenten, die alle auf die Unhintergehbarkeit einer ebenso materiell-alltäglichen wie a-rationalen Lebenswelt abzielen, rationalisiert. Darauf hatte Marcuse schon 1934 die passende Antwort gegeben: »›Autonomie der Ratio‹ bedeutet [...] durchaus nicht schon die Absolutsetzung der Ratio als Grund oder Wesen des Seienden. Sofern die Ratio vielmehr als Ratio der konkreten Individuen in ihrer bestimmten gesellschaftlichen Situation gefaßt wird, gehen die ›materiellen‹ Bedingungen dieser Situation auch als Bedingungen in die geforderte rationale Praxis ein. Aber auch diese Bedingungen sind rational zu begreifen und auf Grund solchen Begreifens – zu verändern.«³⁵

War die intellektualistische »Durchrationalisierung des Weltbildes und der Lebensführung« ehedem durch ganz konkrete Erlösungshoffnungen oder »metaphysische Bedürfnisse« und das ideelle Interesse, »das Weltgefüge in seiner Gesamtheit« als »irgendwie sinnvollen ›Kosmos‹« darzustellen, *motiviert,* so hat sich der Intellektualisierungsprozeß in seinem Fortgang von solchen Motiven gelöst und schließlich die Metaphysik, den Erlösungsglauben, das »hinterweltliche Reich«, ins Irrationale abgedrängt. Er hat so die »allgemeine Folge gehabt: daß die Religion, je weiter diese besondere (westliche – H.B.) Art von Rationalisierung fortschritt, desto mehr ihrerseits in das – vom Standpunkt einer intellektuellen Formung des Weltbildes aus gesehen: – Irrationale geschoben wurde«.³⁵ᵃ Nicht viel besser erging es der Philosophie. Von der höheren, ersten und letzten Wahrheit, vom Absoluten und den ewigen Ideen bleibt am Ende nur mehr der harte Kern: der verständige Begriff einer Wahrheit, die mit den endlichen Individuen und ihrer Sprache vergeht, und über die diese sich täuschen können. Ganz von dieser Welt und veränderlich, aber mit unbedingtem Anspruch auf unbegrenzte Geltung, treibt die moderne Vernunft zwischen der Skylla des Relativismus und der Charybdis des Absolutismus, im Aufwind egalitärer Diskurse und im Schatten jener Dialektik, die der Aufklärung folgt.

Sofern sie im Sog des Irrationalismus nicht versinken, leben die modernen Intellektuellen von der Substanz des philosophischen Vernunftbegriffs, *aber die intellektuelle Stellung des Gedankens zur Objektivität wirft ein anderes Licht auf den Begriff der Vernunft*. Nicht weil er die Welt im Transzendenten oder Transzendentalen verankert, ist er für kritische Intellektuelle unverzichtbar, sondern weil er der »einzige« Begriff ist, »wodurch« das »philosophische Denken sich mit dem Schicksal der Menschen verbunden hält«.[36] Das aber ist die nachhegelsche Perspektive des Intellektuellen auf die Geschichte der Philosophie: *Vermittlung von Theorie und Praxis*. Was nach der Entzauberung bleibt, ist nur mehr die *rational motivierende Kraft des Intellektualisierungsprozesses selbst*: die praktische Hypothese, daß der »Glaube an die eigene Vernunft« »nicht einfach ein dogmatischer Glaube unter anderen« sei (K.-O. Apel).

Zusammen mit dem Begriff einer wie auch immer höheren Wahrheit und ihrer privilegierten Erkenntnis bricht jeder politisch oder pädagogisch gemeinte Führungsanspruch der Philosophen *in sich zusammen*. Die Möglichkeiten, einen Machtanspruch auf das Philosophenkönigtum zu begründen, verflüchtigen sich in dem Maße, in dem der alte Absolutismus der Vernunft am eigenen Rationalismus zugrunde geht. *Wahrheits- und Machtansprüche treten auseinander.* Aus Philosophen werden Intellektuelle.

Ort und soziale Rolle

Die *soziale Rolle* des Intellektuellen ist neu. Sie steht und fällt mit der sittlichen Substanz der Massendemokratien: der emphatischen Idee einer selbstbestimmten öffentlichen Meinung.

Gegen Ende des 18. Jahrhunderts hat sich die Ideenproduktion einer neuerungssüchtigen Zeit dermaßen beschleunigt, daß es den Anschein hat, »die Veränderlichkeit und Veränderbarkeit von Begriffen und Ideen« sei »zur Normalität geworden«. Mit der Auflösung der alten Begriffe und Argumentationsmuster verschiebt sich die Aufklärung und die Produktion des Neuen, wie Klaus Eder gezeigt hat, von *oben nach unten*.

»In der frühmodernen Zeit ist das ›Neuern‹ [...] noch eine Sache von intellektuellen Eliten. Die Oberschichten wirken *pädagogisch* auf die Unterschichten. Bis zum Ende des 18. Jahrhunderts ist die Aufklärungsbewegung dadurch gekennzeichnet, daß die ›Gesellschaft‹ von oben erzogen wird, daß Kultur von oben nach unten diffundiert.« Nach und nach aber wird das »Neue der modernen Zeit«, »daß *jeder* neue Ideen [...] erzeugen kann«, aus den ständischen Schranken der Frühmoderne entbunden, sichern bald Massenpublikation und Lektüre, freie Assoziation und Diskussion – von Anfang an als »Vielleserei«, »Lesesucht« und »Schreibsucht« beargwöhnt –, kollektive Lernprozesse im institutionellen Gefüge mehr und mehr inklusiver Öffentlichkeiten. »Die Träger kollektiver Lernprozesse sind nun Gruppen, die sich dadurch definieren, daß prinzipiell jeder gleichermaßen am Gruppenleben teilnehmen darf. Dieses neue Lernsubjekt organisiert sich in Gesellschaften bzw. Vereinen, die die Struktur der frühmodernen Formen einer privilegierten Oberschichtskommunikation durch Formen kollektiver Selbstaufklärung, die pädagogische Führung durch Eliten durch autodidaktisches Lernen ersetzen.«[37]

Die aufgeklärten und gebildeten Oberschichten der Frühmoderne waren eine frühe Version des *Avantgardemodells* der Intellektuellen. Es ist eine typische Form des Übergangs, der an den Verhältnissen scheitern kann. Die Repression wächst dann schneller als das Lesepublikum, die Zensur rascher als die moralisch-aufklärerische Presse, die allen gemeinsame Hochsprache schließt sich nach oben zur exklusiven Bildungssprache ab, verengt sich nach unten zum einseitigen Befehlskanal, bis schließlich aus der Massenkommunikation der freien und gleichen Bürger ein expressiver Nationalismus geworden ist, der zugleich imperiale Träume ausdrückt und reale Klassenverhältnisse zudeckt. Das war dann in der deutschen Geschichte seit der zweiten Hälfte des 19. Jahrhunderts der Fall – als aus dem alten, absolutistischen Polizeystaat ein moderner, autoritärer Polizeistaat wurde. Freilich kann der Übergang auch glücken, aus der elitären Avantgarde werden radikale Jakobinerklubs oder demokratische Räte, aber im Fortgang des revolutionären Umbruchs schlagen Revolutionen in Regressionen um, freie Assoziationen bilden sich zu autoritären Avantgardeparteien zurück, mit dem Thermidor kommt bald ein neuer, pseudo-egalitärer Cäsarismus oder Bonapartismus.

Werden Regressionen und Pathologien in den Stürmen der Geschichte schließlich doch noch abgewehrt und überwunden, dann hat sich am Ende der *soziale Ort* der Intellektuellen gründlich verschoben: aus der *Vertikalen in die Horizontale* und von der *Spitze im Zentrum einer hierarchisch gegliederten Gesellschaft* an die *exzentrische Peripherie einer in sich differenzierten Gesellschaft ohne Zentrum*.

Zwar waren, wie zweifelsfrei das Beispiel der alten Propheten lehrt, auch vormoderne Intellektuellenschichten oft genug an den Emanzipationsinteressen und Erlösungssehnsüchten der Massen orientiert, *aber* ihr sozialer Ort war in aller Regel – von außeralltäglich-revolutionären Ereignissen abgesehen – fest in die Position der eigenen sozialen Herkunftsklasse eingebunden, zumeist in die obersten Strata der sozialen

Hierarchie und den Kontext einer exklusiven Kultur, in der nur die Wenigen lesen und schreiben konnten. Anders die modernen Intellektuellen. Sie sind nicht länger umstandslos Teil der herrschenden Klasse, und sie sind es, je weiter die Rationalisierung fortschreitet, desto weniger. In dem Maße, indem Herkunftsklassen durch ökonomisch und marktbedingte Klassenlagen (Weber) abgelöst werden und im Erziehungs- und Sozialisationssystem die inklusiven Tendenzen sich durchsetzen, werden aus Intellektuellen*schichten* (stratifizierten Klassen) individualisierend wirkende *Gruppen* und *Schulen*, die sich immer weniger aus homogenen Herkunftsmilieus rekrutieren. Deren Kultur ist nicht länger exklusiv, so esoterisch sie (eben auf Grund der individualisierenden Tendenz) bisweilen auch erscheint. Zumindest prinzipiell ist sie auf soziale Inklusion angelegt, seit die Vielen lesen und schreiben können und immer mehr Lebenszeit zur Sozialisations- und Ausbildungszeit geworden ist. Der *soziale Ort* der modernen Intellektuellen, ob sie das nun begrüßen oder verdammen, ist *exzentrisch inmitten der Massenkultur*.

Mit Ort und Rolle verwandelt sich ihre *soziale Funktion*. Die alten Philosophen, aber ebenso die Priester und Poeten früherer Zeiten, Propheten und Geistliche hatten die Aufgabe, die transzendentale Ordnung, das »hinterweltliche Reich«, mit den innerweltlichen Ordnungen des sozialen Lebens und der empirischen Wirklichkeit zu koordinieren und die Spannungen der *transzendentalen* und der *innerweltlichen* Ordnung zu einem sinnvollen Ganzen zu integrieren. Die modernen Intellektuellen stehen inmitten der empirischen Welt vor ganz profanen Aufgaben der Vermittlung des Allgemeinen und Besonderen: des innerweltlichen Wissens und der begrenzten Vernunft ausdifferenzierter *Expertenkulturen* mit den je spezifischen Alltagsgewißheiten sozialer *Lebenswelten*.

Hier lokalisiert Parsons

»the place of the ›intellectuals‹ within the social system. Their presence is, of course, possible and important only when there is a highly elaborated cultural system in the belief area. Science, applied science, ideology, philosophy and religious beliefs are all necessarily articulated with one another, and in certain respects shade off into each other. The institutionalization of any one of these types of cognitive interest, in relatively specialized roles, is possible only with the presence of a penumbra of beliefs and persons holding them and/or interested in them, who do not quite belong to the core of the role type. There are the core professional scientists, the amateur scientists, and the public ›interested in scientific ideas‹. There is established scientific knowledge, tentative ideas at the forefront of scientific growth and the fringe of pseudo-scientific beliefs, some of them held by scientists themselves. Similarly there are ›ideologists‹ closely identified with the revelant scientific fields, and others who are only ›spokesmen‹ for partisan interest groups. There are highly technical professional philosophers and an immense welter of people who talk the language of philosophy with greatly varying degress of competence and cognitive disinterestedness. Over against the mass of the population who have only secondary symbolic and instrumental interests in cognitive problems this whole group should, in certain respects, be classed together. [...] They help to absorb and channel the strains which are inevitably involved in the existence of specialized and esoteric cognitive activities in a society. It is also, of course, evident that they can constitute the principal sources of ideological legitimation of deviant movements.«[37a]

In diesem Falle ist die soziale Funktion der Intellektuellen durch *innerweltliche Spannungsverhältnisse* definiert. Die Intellektuellen *radikalisieren* nicht nur die Spannung zwischen Allgemeinem und Besonderem und treiben sie bis an den Rand der Paradoxie und auf die Spitze, sie treiben sie auch als Sprengsatz in die Welt der »belief systems« (Parsons) und *dynamisieren* deren Gegensätze. Theorie versus Praxis, wissenschaftliches Wissen vs. Alltagsgewißheit, außeralltägliche Innovationserfahrung vs. alltägliche Sehnsucht, esoterische ästhetische Sensationen vs. exoterische Zerstreuung, institutionalisierte Rechtsansprüche vs. Verfassungswirklichkeiten, Moralität vs. Sittlichkeit, universeller Rationalismus vs. pluraler Irrationalismus, moralisches Bewußtsein vs. moralisches Handeln.

Das ist die Rolle der Intellektuellen: die *praktische Vermittlung universeller Vernunftansprüche mit dem vielstimmig artikulierten Willen und den widerstreitenden Bedürfnissen der Vielen*. Insofern die Intellektuellen sich die Ansprüche allgemeiner Willensbildung zu eigen gemacht haben, *müssen* sie fortan die Rationalität ihrer Ideen und Prinzipien, ihrer Diagnosen und Analysen an der wenigstens virtuellen Zustimmung der Vielen messen. Sie sind *Teilnehmer* eines am Prinzip gleicher Freiheit orientierten praktischen Diskurses. Die einzige Instanz, an die sie *appellieren* können, ist die in der sozialen Rolle *jedes* einzelnen Diskursteilnehmers verkörperte Vernunft. So ist ihr Ort *inmitten* des praktischen Diskurses der Massenkultur. »Bei jeder passenden und unpassenden Gelegenheit: der Appell ist da, dauerhaft in die Gesichter eingegraben; die Stimme fordert, was immer sie sagt, allgemeine Zustimmung.« Doch der Ort inmitten der Massenkultur hat, so sieht es Sartre, eine *exzentrische* Lage: »aber die Leute, belastet mit ihren Besonderheiten, mit sehr handgreiflichen Interessen, mit Leidenschaften, finden das Vorhaben, ihre Differenzen und ihre Feindschaften in der rein formalen Harmonie der Billigung aufzulösen, abscheulich.«[38]

Moderne Kultur und transformierte Philosophie

Die *kulturelle* Voraussetzung der sozialen Institutionalisierung der Intellektuellenrolle ist ein zunächst innerphilosophischer Vorgang, den Apel auf den Begriff einer *Transformation der Philosophie* gebracht hat.[39] Es handelt sich dabei freilich um mehr als eine wissenschaftliche Revolution, einen Paradigmenwechsel im Sinne Kuhns. Die Tragweite des von Apel ins Auge gefaßten Transformationsprozesses erschließt sich erst einem *soziologisch erweiterten* Blickwinkel. Von ihm aus läßt sich nicht nur der Paradigmenwandel von der Bewußtseins- zur Sprachphilosophie im Kontext der *Ausdiffe-*

renzierung von »belief systems« erklären. Es wird vor allem deutlich, daß es zweckmäßig ist, zwischen einer *innerakademischen* und einer *außerakademischen* Transformation der Philosophie zu unterscheiden. Diese Unterscheidung folgt der kulturellen Differenzierung von *Wissenschaft* und *Öffentlichkeit*, von *Experten-* und *Massenkultur*.

Insofern es uns hier nur um das Herausschälen des rationalen Kerns eines vielfältigen Intellektualisierungsprozesses geht, können wir uns ganz auf die Transformation der *Philosophie* beschränken und beispielsweise die der Religion für unsere Zwecke vernachlässigen. Die Philosophie, spätestens in der Bewegung von Kant bis Hegel, hat nämlich (mit Kant) jeden *autonomen* Wahrheitsanspruch der religiösen »belief systems«, wie es scheint, definitiv destruiert und den rationalen Kern dieser Systeme (mit Hegel) in sich aufgehoben. Etwas klotzig formuliert, hat sie die Idee einer geoffenbarten Wahrheit zugunsten eines spekulativ-diskursiven Wahrheitsbegriffs fallengelassen bzw. zum bloßen Wahrheitsmoment relativiert oder gar zur subjektiven Glaubensfrage privatisiert. Insofern scheint sie, wenn es darum geht, den Fortschritt des Intellektualisierungsprozesses von der Frühmoderne zur Moderne darzustellen, der geeignetste Kandidat zu sein: die fortgeschrittenste Gestalt des frühmodernen Bewußtseins.

Zunächst handelt es sich um einen Intellektualisierungsprozeß der Philosophie selbst. Die in ihr wirksame »Macht des Negativen« zerstört die Philosophie als dogmatische Lehre, als Doxographie und als »Kanon der ›großen Denker‹«.[40] Was dann noch bleibt, ist freilich mehr, als Rorty anzunehmen scheint: eine Vielzahl historistisch relativierter, »*radically* innovative«, »materialistic, nominalistic, *entzauberter Geistesgeschichten*«, die den praktischen Diskursen der »community« als ästhetisches Anregungspotential für »richer and fuller«, »impassioned conversation« dienen.[41] Das ist gewiß eine der intellektuellen Funktionen der transformierten Philosophie. Aber ihr Kern ist der transformierte Begriff der *Wahrheit*.

Seine Entwicklungsgeschichte kann *intern* in drei groben Schüben vergegenwärtigt werden. Negativ stellt sich die folgende, mittlerweile üblich gewordene[42] Klassifikation des Fortschritts in der Philosophie als *fortschreitende Destruktion des Absolutismus* dar. Dem alten, in der Antike und im christlichen Mittelalter gängigen *ontologischen Wahrheitsbegriff* ist ein wahrheitsfunktionales Verständnis der menschlichen Sprache ebenso fremd wie die Idee intersubjektiver Verifizierung. Der theoretischen Erkenntnis entspricht »kein Reden oder Sprechen«, die letzte Weisheit ist ebenso schweigsam wie vereinzelt, eine »wort-lose« (Aristoteles), »unaussprechbare« (Platon) Wahrheit, die das einsame Auge des Philosophen jenseits der »Pluralität der Menschengesellschaft«, die er »verlassen« hat, erblickt.[43] Noch der *transzendentale Wahrheitsbegriff* der idealistischen Philosophie von Descartes bis Hegel ist, bei aller kritischen Betonung des streng allgemeinen Charakters einer *alle* menschlichen Subjekte verbindenden Vernunft, durch eine *Abstraktion von den realen Subjekten* und der empirischen Vielstimmigkeit ihres Redens und Tuns geprägt: »alle Bestrebungen, von dem (transzendental) verstandenen Subjekt aus«, so Marcuse in den dreißiger Jahren, »eine intersubjektive Welt zu konstruieren, blieben fragwürdig. Das andere Ich konnte immer nur abstrakt mit dem Ego verbunden werden: es blieb ein Problem der reinen Erkenntnis und der reinen Ethik.«[44]

In der Periode *nach* Hegels Tod fiel der idealistische Vernunft- und Wahrheitsbegriff auseinander. *Extern* läßt sich das – in gröbster Stilisierung – aus dem Umstand erklären, daß die Philosophie und mit ihr jeder absolutistische Wahrheitsbegriff im Zuge der sich entwickelnden *modernen Kultur* unter den stetig wachsenden Druck einer *doppelten Provokation* gerät. Die eine ist Folge der Ausdifferenzierung *autonomer empirischer Wissenschaften*, die andere wird mit der politischen Bildung einer bürgerlichen, von Anfang an auf

Inklusion, auf die Einbeziehung zunächst aller Bürger, dann auch der proletarischen *Massen* angelegten *diskutierenden Öffentlichkeit* freigesetzt. Die *Verwissenschaftlichung der Kultur* und die *diskursive* Rückbindung der *Gesellschaft* an das Prinzip einer allgemeinen Willensbildung haben von unten eine Rationalisierung der Lebenswelt in Gang gesetzt, gegen die der *esoterische* und in seinen sozialen Konsequenzen *elitäre* Rationalitätsbegriff der Philosophen immer schwerer verteidigt werden konnte.

So ist die Schulphilosophie im 19. Jahrhundert, wie zuletzt K.C. Köhnke am Beispiel der Entstehungsgeschichte des Neukantianismus gezeigt hat, in eine Dauerthematisierung des eigenen Autonomieanspruchs verwickelt, die sie »in ein neues Verhältnis zu den Tatsachen der Einzelwissenschaften« setzen und mit den Naturwissenschaften in Einklang bringen soll. Gleichzeitig sieht sie sich einer diffusen, aber störenden Gemengelage von Weltanschauungen, öffentlicher Meinung und neuen, auf die Probleme der sozialen Wirklichkeit bezogenen Wissenschaften konfrontiert.[45]

Den Herausforderungen einer Wissenschaft, die Wahrheit an das Prinzip einer intersubjektiven, durch prinzipiell *jeden* nachvollziehbaren, experimentellen Kontrolle bindet, begegnet die Philosophie zunächst *innerakademisch*. Dabei behält sie das Heft aber nicht allein in der Hand. Nicht nur im Weltanschauungsmaterialismus der Naturwissenschaftler und im Darwinismus, vor allem in den entstehenden Sozial- und Geisteswissenschaften erwachsen ihr Konkurrenten, die von sich aus Ansprüche auf neue philosophische Einsichten und die Lösung alter philosophischer Probleme erheben. Formal lassen sich die verschiedenen Reaktionsmöglichkeiten der durch diese Herausforderung jeweils betroffenen »Intellektuellenschichten« danach unterscheiden, ob sie die Herausforderung annehmen, sich *affirmativ* zu ihr verhalten, oder ob sie sie zurückweisen und sich dann in der Lage wiederfinden, der Philosophie durch *Negation* des Szientismus eine neue, ebenfalls nachidealistische Gestalt geben zu müssen.

Ähnliches gilt von der Provokation der Philosophie durch eine inklusive öffentliche Meinung, die alle praktischen Wahrheiten an den offenen Ausgang egalitärer Diskurse bindet, *in deren Form sie sich selbst organisiert*. Insofern bedroht die soziale Tatsache öffentlicher Willensbildung die Autonomie der Philosophie ebenso wie die der Religion in allen moralisch-praktischen Fragen. Sie stellt deren Zuständigkeit für die präskriptive Lösung solcher Fragen in Abrede. Mit der Bildung einer öffentlichen Meinung ist eine Institution entstanden, die praktische Diskurse *unabhängig* von dogmatischen Lehrtraditionen selbst organisiert. Auch auf diese Herausforderung können die Philosophen und Gebildeten *affirmativ* oder *negativ* reagieren, und da sie auf die Öffentlichkeit antworten, wird ihre Antwort in jedem Falle *außerakademisch* sein. Nehmen sie die Herausforderung an, kommt es zur intellektuellen, weisen sie sie zurück, kommt es zur antiintellektuellen Transformation der Philosophie. Ich erläutere im folgenden die vier Fälle.

1. Die wissenschaftliche Transformation der Philosophie
(affirmativ/innerakademisch)

Hier scheinen sich mittlerweile zwei große Entwicklungslinien abzuzeichnen. Die eine hat die innere Gestalt der Philosophie verändert, die andere für eine produktive Integration philosophischer Fragestellungen in empirische Forschungsprogramme gesorgt.

Das *linguistische Paradigma* hat eine *interne, sinnkritische Transformation* der Philosophie in Gang gesetzt. Wer nach der linguistischen Revolution idealistische Formeln wie die von den »transzendentalen Bedingungen der Möglichkeit« oder idealistische Begriffe wie den des »Selbstbewußtseins« fachphilosophisch stark zu machen versucht, muß, wenn er ernst genommen werden will, den Sinn von Formeln und Begriffen sprachanalytisch erläutern oder doch mit den methodischen Mitteln der neuen Sprachphilosophie zu verteidigen suchen. Unter dem linguistischen Paradigma versammeln sich die auf Frege und Russell zurückgehende logisch-semantische Grundlagenforschung ebenso wie die Popper oder Carnap folgende Wissenschaftstheorie und die an Peirce oder Wittgenstein anschließenden sprachpragmatischen Strömungen. Wie die dramatische Entwicklung der Wissenschaftstheorie in den letzten Jahrzehnten gezeigt hat, ist eine sinnkritisch transformierte Philosophie keineswegs selbstgenügsam, sondern von Erfahrungswissen abhängig, das empirische Wissenschaften (wie beispielsweise Wissenschaftssoziologie und -geschichte) systematisieren.

Eine Fortsetzung der Philosophie mit den Mitteln der empirischen Forschung zeichnet sich vor allem in den Sozialwissenschaften ab. Max Horkheimers ursprüngliche Idee einer kritischen Theorie ist für das Programm einer *sozialwissenschaftlichen Transformation* der Philosophie durchaus paradigmatisch.[46]

Sozialphilosophische Fragestellungen werden in Hypothesen und Heuristiken der Sozialforschung umgeformt. Die philosophische Heuristik integriert zwar die Einzeluntersuchungen, aber die philosophischen Totalitätsansprüche können nurmehr durch ein interdisziplinäres Forschungsprogramm eingelöst werden, das sich im Alltag normaler Wissenschaften schließlich bewährt, zersetzt oder erneuert.

Aber Horkheimers Programm ist nur ein besonders auffälliges Beispiel. Ein anderes ist Meads Korrektur des Sozialbehaviorismus mit den Mitteln des amerikanischen Pragmatismus und dessen emphatischer Demokratieidee; wieder ein anderes Freuds Verwissenschaftlichung der romantischen Philosophien des Traums und des Unbewußten; oder die vielen Versuche, Kant zu soziologisieren, von Simmels und Parsons Untersuchung sozialer Apriorís und der synthetischen Leistungen gesellschaftlichen Zusammenhalts bis zu Webers Analyse kultureller Differenzierung und seine Umstülpung der transzendentalen Vernunftkritik in rationalisierungstheoretische Fragestellungen, die dann wieder von Lukács und Horkheimer in eine ganz andere Art von Vernunftkritik rückverwandelt worden sind. Zahllose Beispiele gibt es auch in der psychologischen Kleinarbeitung des Subjektbegriffs bis hin zu Piagets und Leontjews dialektischer Entwicklungspsychologie der Erkenntnis.

Die wissenschaftlich transformierte Philosophie kann im übrigen der Legitimation *egalitärer* wie *elitärer* Deutungsmuster dienen. Es besteht zwar kein notwendiger, aber vermutlich ein regelmäßiger Zusammenhang zwischen *instrumentalistischen* Deutungen der Wissenschaft und Theorien der Expertenherrschaft, Elitetheorien der Demokratie oder Technokratievisionen.

Um den egalitären Pol gruppieren sich *radikaldemokratische Deutungen des wissenschaftlichen Instrumentalismus* wie jene von Peirce: Die Logik der Forschung »wurzelt im sozialen Prinzip« einer »gedankliche(n) Identifikation der eigenen Interessen mit denen einer unbegrenzten Gemeinschaft«. »Verschiedene Köpfe mögen von äußerst gegensätzlichen Anschauungen ausgehen, der Prozeß der Forschung führt sie durch eine außerhalb ihrer Willkür liegende Kraft zu ein und derselben Konklusion. [...] Die Meinung, die vom Schicksal dazu bestimmt ist, daß ihr letztlich jeder der Forschenden zustimmt, ist das, was wir unter Wahrheit verstehen [...].«[47]

Kritische Rationalisten, die Poppers durchaus *instrumentalistischer Deutung wissenschaftlicher Theorien* folgen, besetzen ungefähr die Mittellage zwischen den Polen: »Die Theorie ist das Netz, das wir auswerfen, um ›die Welt‹ einzufangen – sie zu rationalisieren, zu erklären und zu beherrschen. Wir arbeiten daran, die Maschen des Netzes immer enger zu machen.«[48]

Von der egalitär-diskursiven Legitimation der Wissenschaften (Peirce) führt der Weg über deren instrumentelle Rechtfertigung (Popper) zur *Elitetheorie der Demokratie aus dem Geist des wissenschaftlichen Instrumentalismus* beispielsweise bei Schumpeter: »die demokratische Methode ist diejenige Ordnung der Institutionen zur Erreichung politischer Entscheidungen, bei welcher einzelne die Entscheidungsbefugnis vermittels eines Konkurrenzkampfs um die Stimmen des Volkes erwerben.«[49]

2. Die anti-szientistische Transformation der Philosophie
(negativ/innerakademisch)

Sie hebt sich von den Natur- (und Sozial-)wissenschaften ebenso scharf ab wie von der überlieferten Gestalt der Philosophie. Diese doppelte Frontstellung eint die vielfältigen hermeneutischen, anthropologischen, phänomenologischen und existentialistischen Strömungen der Gegenwartsphilosophie, und sie übergreift die Anläufe zur Destruktion und Dekonstruktion von Vernunft und Wissenschaft, sie reicht von den programmatischen Intuitionen der Geisteswissenschaften und der »humanities« bis zu den neuesten poststrukturalistischen Versuchen des »literary criticism«.

Wir könnten statt der leicht pejorativ mißverständlichen Kennzeichnung »anti-szientistisch« auch neutraler von einer *geisteswissenschaftlichen Transformation* der Philosophie sprechen. Nur wäre dieser Ausdruck begrenzter und bliebe an das schwer übersetzbare Wort »Geisteswissenschaft« gebunden. Aber immerhin sind, zumindest hierzulande, die Geisteswissenschaften Fokus aller Bemühungen um eine innerakademische und doch nicht szientistische Aufhebung der Philosophie. Bisweilen geht es solchen Bemühungen lediglich um ein Komplementär- und Ergänzungsverhältnis von Geistes- und Naturwissenschaften (Apel) oder um die Wahrung einer Pluralität von Perspektiven (Rorty). Häufiger, zumal in Deutschland, verbindet sich jedoch ein mehr oder minder aggressiver, antiwissenschaftlicher Affekt mit den geisteswissenschaftlichen Transformationsgestalten. Er ist auch noch in dem exemplarischen Werk der westdeutschen Nachkriegshermeneutik in deutlich sublimierter Form wahrnehmbar: Schon im Titel seines Hauptwerks stellt Gadamer klar, daß die eigentliche »Wahrheit« in der Dichtung und den

Geisteswissenschaften verborgen ist und daß sie durch die cartesischen »Methoden« gewöhnlicher Wissenschaft nur verdeckt und nie entborgen werden kann.

Deutlicher zeigt sich der antiwissenschaftliche Affekt freilich im »geheimen« Zentrum der ganzen, von Dilthey und Heidegger ausgehenden, hermeneutischen Philosophie dieses Jahrhunderts, in den von Erich Rothacker 1923 publizierten Briefen des berühmten Grafen Yorck von Wartenburg an den Berliner Professor Wilhelm Dilthey.[50] »Klarer, königlicher Wille des Regiments«, so der tief gebildete, ostelbische Gutsbesitzer an den (vergleichsweise) besitzlosen bürgerlichen Freund in einem Brief vom 7. 3. 1883, »thut der Welt noth. Regieren ist wie Leben untheilbar. Ja oder Nein – ein Drittes ist nicht gegeben. Heraus aus den Abstraktionen, aus dem abstrakten Staate, aus der mathematischen Freiheits- und Sozietätslehre, in der so weit ich sehe auch die Wissenschaft noch steckt!« Der Graf weist der Diltheyschen Philosophie den weltgeschichtlichen Platz an, und dieser Platz hat, Heidegger wird später publikumswirksam auf den Begriff zurückgreifen, seinen Ort im »Unvordenklichen«: »Der Rationalismus hat seine Rolle ausgespielt. Beweis dafür der intellektuelle und moralische Jammer unserer Zeit, die Haltungslosigkeit des Gesamtbewußtseins. Die Aufgabe Ihres Werks ist eine neue Grundlegung der Geisteswissenschaften.« (15. 12. 1892) Und die stehen in der Zeit Bismarcks, in der »Luther der Gegenwart präsenter sein solle und müsse als Kant«, im »Kampf gegen die Naturwissenschaften« (8. 6. 92).

Yorck hat seine überragende Bedeutung für die Entwicklung der geisteswissenschaftlichen Transformation der Philosophie in Deutschland freilich nur gewinnen können, weil er ein *rationales* Motiv hat, das die Legitimität des Affekts gegen die Wissenschaften erweisen soll. Es ist das erkenntniskritische Interesse, dem »Willen zum Wissen« (Foucault) Grenzen zu ziehen, Grenzen einer »Wissenschaft, die nur unbegrenzt ist im Wollen« – und die »richtigen Grenzen [...]

zieht die Philosophie, die keine Wissenschaft ist, sondern Leben, und im Grunde Leben gewesen ist, auch da wo sie (»seinsvergessen«! – H. B.) Wissenschaft sein wollte [...]« (6. 10. 85). Solche vom Wissenschaftsanspruch emanzipierte Philosophie soll »die vor dem Erkennen gelegene Lebendigkeit in ihr Recht setzen«, um den »naturwissenschaftlichen Anspruch und Übergriff« auf Geist und Geschichte zu bannen (21. 10. 95).

Beständig wiederholt der Graf den Hauptanklagepunkt gegen die Wissenschaft, es ist ihre »Bodenlosigkeit«, ein Leiden, das sie mit der ganzen modernen Zivilisation teilt, ein »scharfsinniges aber todtes Denken« (30. 11. 88). »Es ist doch bemerkenswert, daß mit dem Eintritte der modernen, naturwissenschaftlichen Denkweise jede politisch verbindliche Gestalt aufgehört hat. Der Reichsgedanke wurde von dem Gleichgewichtsgedanken – dem man seine Herkunft ansieht – abgelöst.« (13. 1. 87) »Die Bodenlosigkeit der abstrakten wissenschaftlichen Dogmatik«, so Yorcks Ferndiagnose aus Breslau am 4. 3. 84, fühlt »sich so recht zu Hause [...] in der dünnen und dürren Berliner Atmosphäre«, und er fährt fort: »Die ›Wissenschaftler‹ stehen den Mächten der Zeit ähnlich gegenüber wie die feingebildete französische Gesellschaft damaliger Revolutionsbewegung. Hier wie dort Formalismus, Kultus der Form [...] Bodenlosigkeit des Denkens und des Glaubens an solches Denken.« Ganz generell gilt vom modernen Menschen: »Mit der Entfremdung von dem Boden geht die haltende Kraft verloren.« (9. 5. 81) An dieser Stelle nimmt der Gutsherr eine Schreibweise vorweg, die später Heideggers Agrarphilosophie zur Perfektion ausbilden wird, indem er den buchstäblich »*boden-losen* Status« des modernen Stadtmenschen beklagt: »An der Übermächtigkeit der Commune geht der Staat in die Brüche, Revolution.«

Das tiefe *Fundament*, das die »Philosophie als Lebensmanifestation« freilegt, der wahre Boden ist die »Geschichtlichkeit« des menschlichen Seins: »Darum [...] giebt es kein wirkliches Philosophieren, welches nicht historisch wäre. [...] Ich erschrecke vor der Klosterzelle des modernen Menschen in dieser Zeit, wo des Lebens Wogen so hoch gehen, wo wenn irgend wann Wissen Macht sein soll. Hat aber diese Wissenschaft einen Boden, so ist es der einer vergangenen Welt, der antiken.« (11. 2. 84)

Die geisteswissenschaftliche Transformation der Philosophie unterscheidet sich generell von der sinnkritischen und der sozialwissenschaftlichen, weil sie den Wissenschaften eine höhere oder tiefere Kategorie vorordnet, sie in den weniger fundamentalistischen Fällen an deren Seite stellt oder antifundamentalistisch zusammen mit den höheren auch gleich alle anderen Wahrheitsbegriffe abräumt. An die Stelle des wissenschaftlichen und intellektuell verständigen tritt entweder ein *anderer Begriff der Vernunft* (Welterschließung und Expressivität: Taylor; Phronesis und Bildung: Rorty; Kunst: Gadamer; praktische Vernunft: Ritter; das Nicht-Identische: Adorno usw.) oder etwas *ganz Anderes* (Sein und Unverborgenheit: Heidegger; Macht: Foucault; Existenzerhellung: Jaspers; Urteilskraft: Arendt; Magma und das Imaginäre: Castoriadis; Differenz: Derrida usw.) oder gleich das *Irrationale* (Körper, Wille, Seele, Leben, Mythos usw.).

In jedem Falle handelt es sich um eine irgendwie tragende Kategorie, denn die Generalprämisse ist (fast) immer: die Vernunft trägt sich nicht selbst, aber die alten Träger sind am Ende (das Subjekt, das Absolute, der alte Gott usw.).

Nicht für alle, aber für den deutschen Hauptstrom dieses Denkens ist überdies klar: das, was da an den Fundamenten nagt, sind Vernunft und Wissenschaft, allen voran der innerakademische Konkurrent, die Sozialwissenschaften. Das ist beim Grafen Yorck nicht anders als bei Dilthey oder Windelband. Sie sind alle *Antisoziologen*. Das Ausmaß dieses Affekts unter den deutschen Mandarinen erhellt schlagend der von Lepenies ermittelte Umstand, daß Karl Mannheim am Ende der zwanziger Jahre der erste deutsche Soziologe war, der es selbstbewußt sein wollte – was sogleich einen Sturm der Entrüstung auslöste.⁵¹

Windelband spricht Anfang 1880 nur angewidert von »›sociologischem‹ Parfüm«⁵², Dilthey mit Blick auf Bentham und Mill, seinem adligen Freunde beipflichtend, verächtlich von »satter Rentiersphilosophie«, und er schließt Darwin und Spencer gleich unter der ästhetischen Rubrik »fetter, satter und behaglicher Utilitarismus« ein, in der Soziologie sieht er die »Moral der Satten« sich »flach« und »breit« machen. Gegen all die »kalte Berechnung« hebt sich die deutsche Geisteswissenschaft dann um so edler ab in unermüdlichem Einsatz für »Sittlichkeit, Religion und Poesie, kurz das höhere Leben« (Brief an Yorck v. Dezember 1888).

Für den Grafen Yorck steht fest: »Auf H. Spencer kommt die Sache der Modernsten doch hinaus. Tendenz der Erziehung Kräftigung der Selbstsucht und das in einem Staate, der gebaut ist nicht auf Interesse sondern auf Gehorsam«, wie der Graf ganz soziologisch-realistisch feststellt. »Ich fürchte man gräbt an den Fundamenten, nicht nur von Seiten der Sozialdemokraten.« (22. 10. 90) Gegen Mills »On Liberty« ist der Haupteinwand schon Ausdruck des Schreckens vor der Autonomie: »Als Staatsbürger setzt er selbständige, urtheilsfähige Menschen voraus und kommt natürlich bei solcher Voraussetzung zu praktisch unmöglichen und verderblichen Consequenzen. Er vergißt, daß Ethisches anerzogen und nicht bewiesen wird, die Consequenz der falschen Stellung, welche er dem Intellekt giebt.« Bei soviel Mut zur Erziehung liegt dann auch gleich die prophetische Warnung nahe: »Möge die Regierung sich gegenwärtig halten, daß Sozialismus und Judaismus (Plutokratie) zwei Seiten derselben Sache sind.« (4. 9. 78)

Allgemein scheint für die antiszientistische Transformation der Philosophie das Gesetz zu gelten: *Je fundamentalistischer der philosophische Anspruch, desto elitärer das kulturelle Deutungsmuster*; dafür ist ganz gewiß das Gesamtwerk Martin Heideggers ein glänzendes Beispiel. Und es dürfte ferner gelten: *Je stärker der antisoziologische Affekt, desto deutlicher der exklusive Charakter des »Weltbilds«;* also nationale, ethnische, rassistische Feind- und Fremdprojektionen.

Ein mit Sicherheit für die deutschen Mandarine repräsentatives Beispiel ist noch einmal der Nicht-Mandarin und Junker Graf Yorck: »Um das Lesen nicht zu verlernen, nehme ich des Abends den jüngst erschienenen 1. Band der Griechischen Geschichte von Beloch vor. Der Name klingt semitisch, das Buch macht nicht den Eindruck.« Weniger differenziert fällt das Urteil über einen zweifelsfrei als Juden identifizierten Philosophen aus: »Den Strom der Bewegung finde ich abgedämmt zu einem Teiche, der auch nicht einmal ein Mühlrad treibt, bei Spinoza. Er war nicht umsonst Jude. An Stelle der Erfindung die Praxis des Brillenschleifens. Das klingt trivial, ist's aber nicht. An Stelle des werkthätigen Theismus, ein todter, im Grunde nur räumlich umfassender oder logisch-grammatisch verbindender Deismus – nicht eigentlich Pantheismus, denn dafür fehlt die Wärme des Lebensgefühls den einzelnen Erscheinungen gegenüber. Der amor dei inhalt- und arbeitslos.« (An Dilthey, Nov. od. Dez. 1893) Hier bleibt von dem ganzen aufgespreizten Bildungsgetue mit seinen feinen Differenzierungen nichts als Antisemitismus übrig. Um die Kluft zu ermessen, die kulturelle Deutungsmuster trennt, muß man sich nur vergegenwärtigen: Peirce und Dewey verfaßten ihre ähnlich einflußreichen Schriften ungefähr zur selben Zeit wie Dilthey und Yorck von Wartenburg!

Im übrigen bestätigt schon ein flüchtiger Blick nach Westen die Richtigkeit unseres Elitismus/Exklusivitäts-Gesetzes. Egalitarismus korreliert bei Sartre mit einer Variante »geisteswissenschaftlicher« Transformation, deren Fundamentalismus immer wieder in spielerisch-paradoxen Selbstdementis endet, ironisch, schillernd, oberflächlich, urban, ganz rationalistisch, selbst (wie Simmel) soziologisch, Positivismuskritik ohne Affekt gegen die Wissenschaft. Ähnliches gilt für Merleau-Ponty. Taylor konstruiert eher Ergänzungs- und kooperative Korrekturverhältnisse zwischen Geistes-, Sozial- und Naturwissenschaften, die Fundierungsenergie ist neoaristotelisch schwach und die egalitäre Grundorientierung selbstverständlich. Richard Rorty ist Antifundamentalist, ergreift für die moderne Wissenschaft explizit Partei und annulliert die Gegensätze von Natur-, Sozial- und Geisteswissenschaften. Solche Beispiele zeigen, daß Anschlüsse an wichtige Motive der geisteswissenschaftlichen Transformationsfigur Heideggers, Husserls und Gadamers möglich sind, bei denen mit der Abschwächung des Fundamentalismus und der Dämpfung antiwissenschaftlicher Affekte die egalitären und inklusiven Tendenzen auch im kulturellen Milieu der Geisteswissenschaften steigen.

3. Die intellektuelle Transformation der Philosophie
(affirmativ/außerakademisch)

Muster intellektueller Aktivitäten ist, sagen wir seit Kierkegaards Kampf mit der Staatskirche, seit dem »Kommunistischen Manifest« und seit dem »Manifeste des intellectuels« während der Dreyfus-Affäre, der Wahrheits- und Rechtsansprüche einklagende öffentliche Protest. Der Appell rechnet explizit oder implizit mit allgemeiner Zustimmung. Das war für Kierkegaard natürlich nur sehr vermittelt der Fall, subjektiv genügte ihm die einsame Gewißheit, Gott auf seiner Seite zu haben. Aber der Adressat seines Appells ist die Öffentlichkeit einer universellen Gemeinde, die es gegen die Staatskirche, die deren urchristlichen Geist verraten hat, mobil zu machen gilt. Anders das »Kommunistische Manifest«. Es hat definitiv die Bahnen der protestantischen Tradition verlassen. Der Protest versteht sich selbst als Ausdruck einer wirklichen Bewegung der Massen. Trotzdem sucht auch er noch die spekulative Deckung des eigenen Wahrheitsanspruchs in einer wissenschaftlich mißverstandenen Geschichtsphilosophie. Nicht zufällig ist deshalb der Protest von Publizisten, Journalisten und Literaten auf dem Höhepunkt der Dreyfus-

Affäre zum *Paradigma* der intellektuellen Transformation geworden. Wenn wir von den in unseren Ohren eher idealistisch dröhnenden Tönen abstrahieren, bleibt als kognitives Substrat des Protests der Appell an faktisch erhobene, institutionell gestützte und kulturell im Bewußtsein der Massen gegenwärtige, zumindest *auch* gesellschaftlich vorhandene Ansprüche auf Wahrheit und Gerechtigkeit. Pathetisch klagt Zolas berühmter, in der Zeitung L'Aurore unter der Überschrift »J'accuse« am 13. Januar 1898 veröffentlichter, offener Brief an den Präsidenten der Republik die Ideale der Französischen Revolution gegen die soziale Wirklichkeit der Dreyfus-Affäre ein:

»Da sie (die Drahtzieher der Affäre in den Spitzen von Militär, Justiz und Verwaltung – H. B.) es gewagt haben, werde ich es auch wagen. Ich werde die Wahrheit sagen, denn ich habe versprochen, sie zu sagen, wenn die Justiz, die regelrecht angerufen wurde, sie nicht ganz und vollständig zum Vorschein brächte. Es ist meine Pflicht zu sprechen, ich will nicht Komplice sein.« Zola diagnostiziert eine soziale Pathologie: die »schreckliche Rechtsverweigerung, unter der Frankreich leidet«. Dagegen gilt es, die noch lebendigen Abwehrkräfte einer nur verschütteten revolutionären Wahrheit im französischen Volk zu reaktivieren: »Wenn man die Wahrheit eingräbt, so entwickelt sie eine solche Sprengkraft, daß sie an dem Tage, da sie durchbricht, alles zerstört.« Der Protest schließt Regelverletzungen und zivilen Ungehorsam ein: »Indem ich diese Anklage erhebe, bin ich mir bewußt, daß ich mich der Verfolgung auf Grund der Artikel 30 und 31 des Pressegesetzes vom 20. Juli 1881 aussetze, das die Vergehen der üblen Nachrede betrifft. Das nehme ich absichtlich auf mich [...].«[53]

Das revolutionäre Pathos ist freilich durch die politische Kultur des Landes gedeckt, es hat seine Basis in der Verfassung *und* unter den Leuten. »Was Zola schuf«, so der Kommentar von Siegfried Thalheimer, »war nicht eine dreyfusistische Gegendemagogie, sondern ein populärer Idealismus, der den Fall Dreyfus zu einer Angelegenheit der persönlichen Moral, der republikanischen Religion und ihrer drei Tugenden Freiheit, Brüderlichkeit, Gleichheit machte. Zola zog einen tiefen Graben zwischen den amoralischen, einer falschen Staatsräson verschriebenen Nationalisten und den Vorkämpfern für ein besseres Frankreich und eine bessere Menschheit [...]. ›Revolutionär‹ möchte das ›J'accuse‹ sein, obwohl es die Republik, ihre Gesetze und idealen Grundlagen gegen die tatsächlichen Hochverräter verteidigt. [...] Da die Republik im Stich gelassen ist von den Trägern der Staatsautorität, wendet sich Zola an das Volk. Die künstlich verwikkelte, undurchsichtige Affäre formt er zu einem erregenden Drama, vereinfacht sie gröblich und erklärt sie – koste es was es wolle – psychologisch. Deshalb wird ›J'accuse‹ gelesen und als ›die Wahrheit‹ festgehalten. Zola als Prophet der Freiheit erdrückt vor der Weltmeinung seine nationalistischen Gegner, die Sieger der Pyrrhusschlachten im engen Raum. Sie haben im Augenblick der Kampfansage des ›J'accuse‹ noch das französische Volk für sich. Zola mit seinen Millionen Lesern kommandiert die stärkere Armee.«[54]

Natürlich kommen die weniger glücklichen Intellektuellen östlich des Rheins in ihrer oft schwärmerischen Frankreichverehrung immer wieder auf die paradigmatischen Erfolge Zolas und seiner Genossen zurück. Mit wehmütig verklärendem Blick schreibt Heinrich Mann 1911: »Sie haben es leicht gehabt, die Literaten Frankreichs, die, von Rousseau bis Zola, der bestehenden Macht entgegentraten: sie hatten ein Volk. Ein Volk mit literarischen Instinkten [...].«

Walter Mehrings ironisch bitterer Rückblick von 1930 auf das Land der gescheiterten Revolution zeichnet die Verhältnisse differenzierter. Die Deutschen sind keineswegs so verschieden von den Franzosen. Bis auf einen kleinen Unterschied haben sie sich ans westliche Nachbarland aus der Zeit der Affäre assimiliert, an »die Diktaturreklame des Boulangisme«, an »den Haß gegen Juden und Freidenker, auch an das Renommieren mit la nation. Es laufen lauter Doubles herum, geheimnisvolle Generäle, die nur einen Feind brauchen, um das Vaterland zu retten [...]; fehlt leider bloß eine Kleinigkeit: ein Zola.«⁵⁵ Deutschland, das ist Frankreich minus Intellektuellenrolle.

Wie im Falle der anderen Transformationsgestalten auch, kann die intellektuelle Transformation der Philosophie sich in eher egalitären oder eher elitären Formen vollziehen. Exemplarisch für einen *elitären Intellektualismus* (s. o. S. 28 f.) ist zweifellos Nietzsches ästhetisch inszenierte Kulturkritik an der Massenzivilisation: »Kein Hirt und eine Herde« – pflegte selbst noch Adorno den Meister aus Sils Maria zu zitieren.

Was Nietzsche von den Mandarinen unterscheidet, ist: er war ein Intellektueller, und zwar des romantisch inspirierten, *ästhetischen Avantgardismus*. Der ist eine treibende Kraft der kulturellen Ausdifferenzierung des Ästhetischen, der Autonomisierung von Kunst und Kritik. Er hat eine wichtige Funktion im Prozeß der gesellschaftlichen Rationalisierung und Intellektualisierung. Er erschließt neue Dimensionen der Innerlichkeit, der Subjektivität, der Individualität und weist kategorial illegitime Übergriffe von Wissenschaft und Moral auf Kunst und Liebe zurück. Das macht seine Rationalität, aber auch seine Ambivalenz aus.⁵⁶ Der ästhetische Avantgardismus beginnt fast immer mit *Absolutheitsansprüchen*, mit dem Postulat absoluter Kunst, wie bei Flaubert, Baudelaire und Mallarmé, und er ist offen für ein typisches *Selbstmißverständnis* der eigenen Intellektuellenrolle: die Verwechslung horizontaler Individualisierung mit vertikaler Stratifizierung, der subkulturellen Esoterik mit sozialem Elitismus. Seine Ambivalenz hält den ästhetischen Avantgardismus für elitäre *und* für egalitäre Fortsetzungen offen. Der Georgekreis folgt Nietzsche und den französischen Schriftstellern in die eine, die Frankfurter Kreise um Benjamin und Adorno haben (bis hin zu Karl Heinz Bohrer) die andere Richtung eingeschlagen.

Das Paradigma eines *egalitären Intellektualismus* in unserem

Jahrhundert ist Jean-Paul Sartre, zugleich Bewunderer und scharfer politischer Kritiker der absoluten Künstler des 19. Jahrhunderts. Die politische Wendung des Universalismus verwissenschaftlichter Professionen ins Egalitäre ist Sartres normativ anspruchsvolle Definition der Intellektuellenrolle. Indem sie ihren beruflichen Universalismus im öffentlichen Engagement gegen den eigenen sozialen Partikularismus stark machen, werden aus »Theoretikern des praktischen Wissens« Intellektuelle, die den Gegensatz des Allgemeinen und Besonderen auf die Spitze eines einzelnen Allgemeinen treiben. Sartre hat den Egalitarismus bisweilen bis an die Grenze der intellektuellen Selbstverleugnung getrieben, er ist jedoch bei ihm nie in Antiintellektualismus umgeschlagen.

Interessant und aufschlußreich sind die Mischformen des Übergangs. Zu den riskantesten Formen gehört das Modell der *politischen Avantgarde*. Deren philosophisch bedeutsamstes Beispiel ist die Klassenverratstheorie von Lukács in »Geschichte und Klassenbewußtsein«. Sie ist egalitär, denn der Intellektuelle soll durch Klassenverrat seine Partikularität überwinden, und diese Aufhebung seines elitären Klassenstatus ist alles andere, nur nicht der Antiintellektualismus der »schwieligen Faust« (Tucholsky), im Gegenteil, in the long run, wenn die Arbeiter durch die revolutionäre Tat-Handlung ihre geschichtliche Möglichkeit erst einmal ergreifen und klassenbewußt werden, sind alle zu Intellektuellen geworden. Zuvor muß der Klassenverrat der Intellektuellen allerdings durch Beitritt zur Kommunistischen Partei besiegelt und gegen die Öffentlichkeit durch Ausschluß der parteiexternen autonomen Kritik abgeriegelt werden. Das aber ist der Einstieg zum Umstieg vom egalitären zum *pseudoegalitären Intellektualismus*: die Vermittlung der praktischen Wahrheit der Partei mit dem vielstimmig artikulierten Willen der Massen wird ad infinitum *virtualisiert*. Am Ende schweigen die Massen, und aus der exklusiven Öffentlichkeit der egalitären Avantgardepartei ist eine bürokratisch reglementierte Parteielite geworden. Auch in diesem Fall scheint das

Scheitern des Übergangs zur modernen Intellektuellenrolle mit dem stillschweigenden Rückgriff auf die höhere Wahrheit eines geschichtsphilosophischen Fundamentalismus bestens zusammenzupassen.

Der orthodoxe Marxist und entschiedene Antifundamentalist Adorno hat einen Ausweg aus diesem Dilemma der *politischen* Avantgarde durch einen Brückenschlag zur *ästhetischen* gesucht. Indem der Künstler seinen Universalismus in der »passiven Aktivität« seiner »Arbeit« als Kunstwerk verwirklicht, transzendiert er seine klassengebundene soziale Partikularität und wird, ganz wie der Intellektuelle, der der Partei des Proletariats beitritt, »zum Statthalter des gesellschaftlichen Gesamtsubjekts«.[57] Das ist, zumindest theoretisch, durchaus eine Lösung. Denn anders als der Parteiintellektuelle, der im Augenblick seines Beitritts zur Partei aus seiner autonomen Rolle in einer inklusiven Öffentlichkeit heraustritt, gibt der Künstler, der sich esoterisch gegen die öffentliche Meinung isoliert, seine *intellektuelle Autonomie* nicht preis. Anders als der Parteiintellektuelle, der das kommunikative Band zur öffentlichen Meinungsbildung zerstört und durch instrumentelle Agitation *ersetzt*, zerreißt der esoterische Künstler das soziale Gewebe gebrochener Intersubjektivität nicht. Gerade weil er seine Autonomie verteidigt, bleibt er, wie immer er das selbst sieht, *esoterisch inmitten der Massenkultur*, nicht elitär den Massen vorgesetzt. Auch hier scheint es, als wäre (wie schon im Fall der wissenschaftlichen Transformation) das instrumentelle Modell dem elitären verschwistert.

Freilich, um die soziale Rolle egalitärer Intellektueller wahrnehmen zu können, müssen sie auf jeden Avantgardeanspruch verzichten. Das können sie um so leichter, weil die historische Erfahrung lehrt, daß Avantgarden sowieso nicht funktionieren. Avantgarden sind kontraproduktiv, was sich Tucholsky schon beim Vergleich der bürgerlichen und der proletarischen Presse seiner Zeit aufgedrängt hat. Mehr noch als die bürgerliche schien die proletarische jede intellektuelle

Produktivität zu ersticken. Deshalb habe seine Zeitschrift, die »Weltbühne«, bewußt »auf ein starres Dogma« verzichtet: »bei uns wird diskutiert.« Und er unterstreicht das mit einem Satz, an den die Intellektuellen sich leider zu selten gehalten haben: »Wir haben niemals beansprucht, die Führer der Arbeiterklasse zu sein.«[58] Die Intellektuellenrolle blüht immer nur auf den Trümmern der alten ideologischen Hegemonialmächte.

4. *Die gegenintellektuelle Transformation der Philosophie* (negativ/außerakademisch)

Wie schon der alte Burke 1790 auf die Französische Revolution, so reagierten die nationalistisch gesonnenen Gegner Zolas auf die »kosmopolitischen« Dreyfusisten. Ihre Vorwürfe waren: »Verantwortungslosigkeit gegenüber Staat und Gesellschaft«, »sozialutopisches Denken«, »geistesaristokratische Prätention«. Den »intellectuels« fehle es an »Willens- und Charakterstärke, Urteilskraft, praktischer Erfahrung und Klugheit«.[59] Man sieht, es sind immer wieder dieselben Sünden.

Der *elitäre Antiintellektualismus* der deutschen Mandarine ist das hervorstechendste Paradigma einer gegen- oder antiintellektuellen Transformation der Philosophie: Kulturkritik aus dem Geist der Lebensphilosophie. In ihrer elitären Version sind die Geisteswissenschaften der nächste Verwandte dieser Art von Kulturkritik.

So folgt unmittelbar aus der alles bloß Ontische übersteigenden Geschichtlichkeit des Lebens schon eine Verteidigung der bestehenden Eigentumsordnung, die hinter die veränderlichen Kategorien des abstrakten Rechts und der Gesellschaft zurückgreift auf das tiefere geschichts-ontologische Fundament der Gegenrevolution: »Eigenthum ist keine rechtliche und keine oekonomische Kategorie, sondern vorrechtlich, vorökonomisch. Wer das leugnet, steht bewußt oder unbewußt innerhalb der Bewegung der sozialen Revolution.« (Graf Yorck an Dilthey am 7. 3. 83) – Ausgenommen von solch geschichtlich lebendigem Grund ist beim Grafen Yorck nur das Gebiet der Gütervermittlung, die Börse, also im Weltbild des Grafen das Eigentum der Juden.

Durch eine *Politisierung von Motiven des Antiszientismus* werden aus Professoren Gegenintellektuelle. Das ist zwar nicht, wie Lukács annahm, der Weg von Nietzsche zu Hitler, wohl aber der von Dilthey zu Spengler, – ein Weg, bei dem am Ende, im »politischen Existentialismus« zwischen Schmitt und Bäumler, Krieck und Forsthoff, von der »echten Lebensphilosophie Diltheys nur der Name bleibt«.[60] »Der theoretische Mensch«, schreibt Alfred Bäumler dann 1934 schlicht, »ist eine Fiktion.« Der Mensch ist vielmehr ein handelndes politisches Wesen, und »Handeln« schließt ausdrücklich jedes *»Wissen«*, »wofür man sich entscheidet«, *aus*: »Die Entscheidung *für* etwas, das ich *erkannt* habe, ist schon sekundär.«[61] Es ist ein weiter Weg von Diltheys Theorie der Geschichtlichkeit bis zur totalitären Dichotomie von Wissen und Leben, bis zur Ausgrenzung jeder rationalen Erkenntnis aus dem handelnden Entscheiden. Und es ist ein weiter Weg von Yorck von Wartenburgs lebensphilosophischer Grundlegung staatlicher Autorität bis zu Carl Schmitts »geradezu zoologischer Begründung« (Marcuse) des Autoritätsbegriffs von 1933 in der »Artgleichheit [...] zwischen Führer und Gefolgschaft«.[62] Aber es ist der schrittweise Weg von einem naturalistischen Mißverständnis zum nächsten, es ist eine Anpassung Zug um Zug an sich verändernde politische Machtverhältnisse. Der von Anfang an exklusive und elitäre Zug der geisteswissenschaftlich transformierten Philosophie mußte nur mehr existentialistisch radikalisiert und biologistisch naturalisiert werden.

Im Vorfeld des deutschen Faschismus verschmelzen die politisierten Geisteswissenschaften schließlich zum *pseudoegalitären Antiintellektualismus* der Volksgemeinschaftsideologien. Das missing link zwischen Mandarin und Nazi ist die Formel: »sowohl aristokratisch wie volkhaft.« (Wilhelm Stapel 1930) Bei Eduard Spranger liest sich das 1928 so: »die geistlich-gelehrte, die adlige, die bürgerliche Erziehung sind nacheinander emporgewachsen, und eine proletarische verlangt nach der Herrschaft. Der Selbsterhaltungsdrang und der Geltungswille einer Klasse strömt am kräftigsten aus ihrem Erziehungswillen. Auf einem ganz anderen Boden wachsen die Bestrebungen nach dem Ausgleich der geistigen Klassenunterschiede innerhalb einer Volksgemeinschaft. Dort herrscht der Sonderwille, hier sucht man nach Verständnis und Einheit.«[63]

Man sieht, der Mandarin ist Realist, er kennt die Welt und ihren Lauf, der Mensch ist schlecht, und Klassenunterschiede wird es immer geben. Gleichheit ist allenfalls ein schöner Traum, und ein gefährlicher obendrein. Ausgleich aber ist kostenlos im Geiste möglich, Einheit der Nation und Volksgemeinschaft. Zieht man deren Semantik ab, ist's bei den »geistig-moralischen« Geschichtsrevisionisten unserer Tage soviel anders nicht. Ein neuer »innerer Konsens« oberhalb von Parteien und Klassen ist gefragt, um die Unregierbarkeit der »steuerlosen Industriegesellschaft« auszugleichen. Drängend ist deshalb »die Aufgabe einer neuen Nationalgeschichte«, in deren Spiegel »die Deutschen« sich endlich wieder »als die europäischste der europäischen Nationen« und »als Drehscheibe europäischer Geistigkeit« stolz wiedererkennen sollen.[64] Wenn schon die Welt am deutschen Wesen nicht genesen mag, darf's wenigstens Europa sein. Die Lehre der deutschen Geschichte, die Michael Stürmer in dem zitierten Aufsatz zieht, ist »Integration, nicht [...] Konfrontation«, »europäische Vernunft der Mitte« – geopolitisch gesehen, versteht sich. Leider, das lehrt die Geschichte, war's schon zu Kaisers Zeiten so, daß die linken Intellektuellen ohne »Augenmaß und Zielklarheit« sich »verweigern«, »Bürgerkriegsstimmungen« schüren und (um 1890!) »eine wütende außerparlamentarische Opposition« organisieren. So wird sie immer kaputt gemacht, die schöne europäische Vernunft der Mitte – lebendige Lehre der Geschichte.

Nach dem Zweiten Weltkrieg wurde der zeitweilig gerissene Faden einer *Geisteswissenschaft mit geistespolitischem Auftrag* in der Theorie des geistig-moralischen Lastenausgleichs von neuem geknüpft und von Joachim Ritter und seinen Schülern unter dem Namen einer Kompensationstheorie der Geisteswissenschaften in den symbolischen Reproduktionskreislauf der Kultur eingeschleust. Kern ist eine alte These, die auf Justus Möser, den deutschen Zeitgenossen Burkes, zurückgeht. Der hatte schon 1772 davor gewarnt, den »Staat [...] nach einer akademischen Theorie regieren« zu lassen, und statt dessen der Regierung Religion und Werte als »bestes Hausmittel« empfohlen. Begründet hat er das – ähnlich wie heute die westdeutschen Gegenintellektuellen – mit einer funktionalistischen Entzauberung der traditionalen Ordnung. Die christliche Religion, so Möser, »bindet die größte Gesellschaft, wenn sie auch noch so sehr gemischt ist, und kommt den Bedürfnissen der Menschen im Glück und Unglück bestens zustatten«.[65] Der alte Mandarin und »Vernunftrepublikaner« der zwanziger Jahre, Friedrich Meinecke, hat in seinem zweibändigen Werk über »Die Entstehung des Historismus« 1936, den damaligen Zeitumständen nicht unangemessen, Justus Möser, den »erdgebundenen Bauern«, gegen die blassen Städter ausgespielt und dessen instrumentalistische Grundidee, die auch der Kern der wieder aktuellen Kompensationstheorien von Kunst und Geisteswissenschaften ist, affirmativ zitiert: auf das für wahr Erklärte könne keine Gesellschaft verzichten, aber das »wirkliche Recht« könne »zur Not in der Welt ganz entbehrt werden, ebenso wie auch die wirkliche Wahrheit« (Möser). Im Band II gibt Meinecke das Dilemma preis, in dem eine historistisch und funktionalistisch entzauberte Geisteswissenschaft steckt, will sie ihren geistespolitischen Auftrag in der Zeit erfüllen: »Auch der moderne Historiker muß oft balancieren mit seinen Urteilsmaßstäben.« Beim Balanceakt auf einem schmalen »Grat« zwischen »Sinnstiftung und Entmythologisierung« (Michael Stürmer) ist's geblieben.

Das Muster eines *egalitären Antiintellektualismus* (s. o., S. 24 ff.), das in der deutschen Mehrheitskultur nie eine große Rolle spielte, hat sich politisch in zwei Modellen konkretisiert: dem libertär-antiautoritären des *Anarcho-Syndikalismus* und dem autoritären des *Maoismus*.

Schließlich gibt es auch im Falle der gegenintellektuellen Transformation der Philosophie einen interessanten *Grenzfall* im mythologisch aufgeladenen Syndikalismus Sorels, der ja auch leidenschaftlich für die Abschaffung der Intellektuellenrolle plädiert. Bei Sorel schlägt egalitäre Intellektuellenfeindschaft in elitäre um und nähert sich im Begriff positiver »sozialer Autorität« einer Elite des »sozialen Verdienstes« den Träumen der deutschen Mandarine, die wirkliche Macht im Staate an die *kulturelle Hegemonie* der geistigen Eliten zu binden, an »Gruppen, die sich einer moralischen Hegemonie erfreuen, ein richtiges Gefühl für die Tradition haben und sich auf vernünftige Weise um die Zukunft sorgen«.[66]

Kulturelle Hegemonie

Noam Chomsky und Simone de Beauvoir haben die New Yorker und Pariser Intellektuellen moderne »Mandarine« genannt. Einen ähnlichen Sprachgebrauch habe ich bewußt vermieden. Mir ging es ja gerade um die Unterschiede zwischen den modernen und den vormodernen »Intellektuellenschichten«. War die soziale Rolle der *vormodernen* Intellektuellenschichten, für die die alten chinesischen Mandarine ein gutes Beispiel sind, durch eine Verfilzung von Macht- und Wahrheitsansprüchen, einen privilegierten Zugang zur (höheren) Wahrheit und die Aufgabe einer Darstellung der wirklichen Welt im Lichte einer zeitlos-kosmischen, transzendenten Ordnung definiert – so ist die Rolle der *modernen* Intellektuellen, nach dem Auseinandertreten von Macht- und Wahrheitsansprüchen und der Aufhebung des Wahrheitsprivilegs, gänzlich durch innerweltliche Vermittlungsfunktionen von Theorie und Praxis und eine immanente Kritik der sozialen Ordnung der Dinge festgelegt. Ihr sozialer Ort hat sich von oben nach unten verschoben, von festen Schichten und exklusiven Klassen zu variablen und inklusiven, jedenfalls prinzipiell offenen Gruppen; aber vor allem aus dem Zentrum im Umkreis der Wenigen an der Spitze der sozialen Hierarchie an die exzentrische Peripherie inmitten der Massenkultur – eine instabile Schräglage.

Den Begriff des *modernen Mandarins* verwende ich ausschließlich im Anschluß an Fritz K. Ringer. Eingeschränkt auf die europäische »Mittellage« ist damit die Gruppe der *deutschen Mandarine* gemeint, und der Titel von Ringers 1969 erschienenem Buch, ›The Decline of the German Mandarins. The German Academic Community, 1890–1933«, läßt bereits erkennen, daß es sich um eine mittlerweile der Geschichte zugehörige Entität handelt. Diese modernen Mandarine sind vom Typus des modernen Intellektuellen sehr verschieden. Wie wir gesehen haben, sind sie, abweichend sowohl von der wissenschaftlichen als auch von der intellektuellen Transformation der Philosophie, einem elitär ausgelegten, zwischen »unpolitischer« Geisteswissenschaft und politisch aktivem Antiintellektualismus wechselnden Weg in ein posttraditionales, kulturelles Deutungsmuster gefolgt. Sie sind modern, aber in einer spezifisch pathologischen Weise.

Ringer schließt seine Untersuchung der deutschen Mandarine an Webers Schilderung der alten chinesischen Literaten an. In der Tat, ganz ähnlich wie bei den Mandarinen des alten China, war die Klasse der durch das deutsche Gymnasium und die Universität kulturell tief geprägten akademisch Gebildeten im Deutschen Reich und bis übers erste Jahrzehnt der Bundesrepublik hinaus eine Art »Mandarinenstand«, aus deren Mitte sich die höheren Zivilbeamten rekrutieren: »eine Schicht diplomierter Pfründenanwärter [...], deren Amtsqualifikation und Rang nach der Zahl der bestandenen Prüfungen sich richtete. [...] ›Wieviel Examina er bestanden habe?‹ war die Frage, welche an einen Fremden, dessen Rang unbekannt war, gestellt zu werden pflegte. Nicht: wie viele Ahnen man hatte, bestimmt also (im alten China – H. B.) – trotz des Ahnenkults – den sozialen Rang.«[66a] In China wie in Deutschland war die »Lebenschancen verteilende« (Schelsky) Bildung »*Laien*bildung« und »die Literatenschicht kein erblicher Stand und nicht exklusiv«.[66b] Auch die deutschen Mandarine, Ärzte, Rechtsanwälte, Beamte, Studienräte, Geistliche und Professoren, wurden in ihrem Status durch Bildungsqualifikationen, nicht durch ererbte Rechte oder Reichtum und Kapitalbesitz sozial definiert. Ganz ähnlich lag auch das pädagogische Ideal im alten China auf dem Primat des »Kulturmenschen«, Vorrang von »Stil«, »Verskunst« und »Bibelfestigkeit in den Klassikern, endlich die zum Ausdruck gebrachte Gesinnung des Prüflings«, Dichtung wurde hoch, Rechnen gering geachtet. Bei der Gesinnungsprüfung zieht Weber selbst die Parallele. Das

Examen war »Kultur«-Qualifikation »im Sinne einer allgemeinen Bildung, von einer ähnlichen [...] Art, als etwa die überkommene *humanistische* Bildungsqualifikation, welche bei uns (im Deutschland von 1920 – H. B.), bis vor kurzem fast ausschließlich, den Eintritt in die Laufbahn zu den mit Befehlsgewalt in der bürgerlichen und militärischen Verwaltung ausgerüsteten Ämtern vermittelte und die dazu heranzuschulenden Zöglinge zugleich auch als *sozial* zum Stande der ›Gebildeten‹ gehörig abstempelte«.[66c]

Sehr signifikante Beispiele sind da gewiß die Korrekturen und Anmerkungen der Gymnasiallehrer zu den Deutschaufsätzen ihrer Zöglinge. Nehmen wir wenigstens ein paar ganz durchschnittliche Kostproben aus einem Flensburger Gymnasium, von dem ich aus eigener Erfahrung versichern kann, daß es bis Mitte der sechziger Jahre dieses Jahrhunderts ein rein erhalten gebliebenes Musterexemplar für die Aufzucht von Mandarinenzöglingen gewesen ist.[67] So heißt es in einem (ganz typischen) Abituraufsatz Ostern 1911 über Kleists »Herrmannsschlacht«, Kleist habe an Tusnelda verdeutlichen wollen, »daß es eine Gewissenlosigkeit ist, wenn deutsche Frauen Franzosen lieben«. Der Lehrer unterstreicht »Gewissenlosigkeit« und schreibt: »Das zeigt Kleist nicht, sondern daß es eine Torheit ist.« 1877 hatte ein Abiturient über die Gründe des Kriegsausbruchs 70/71 geschrieben: »Der König von Preußen wurde von dem französischen Gesandten beleidigt und sofort stand das deutsche Volk, das sich durch die Beleidigung, die seinem Oberhaupt widerfahren war, in seiner Ehre gekränkt sah, wie ein Mann auf, um Rache zu üben«, und hier korrigiert der Lehrer: »edlerer Ausdruck«. Ein anderer Schüler klagt: »Es war in der That nichtswürdig für unsere Nation in dem Augenblicke, wo ein starker Feind uns angriff, in Uneinigkeit« – und hier fällt der Lehrer mit der Bemerkung ins Wort: »Es wird wieder vom Thema abgewichen, nicht um Uneinigkeit handelt es sich, sondern um Mangel des Gefühls für die Ehre des Reichs und der Nation« – man sieht, es war nicht immer ganz leicht, die richtige

Gesinnung zu treffen. In den ganz seltenen Fällen, in denen nach dem ersten Krieg die mißglückte Revolution (sehr vorsichtig) verteidigt wird, greifen die Gymnasialprofessoren stets mahnend und warnend ein, während einem Aufsatz, der 1925 nach Tiraden über den inneren Feind mit dem Aufschrei: »Bismarck Hilf!« endet, prompt und kommentarlos das »Gut« des Lehrers folgt. Der als bester seiner Klasse ausgezeichnete Aufsatz des Jahrgangs Ostern 1926 kreist um das Zentralmotiv der Mandarinenideologie, das Ringen um das, was sie immer die (große) »Synthese« genannt haben: »Nicht der einzelne, das Individuum soll im Mittelpunkt stehen, sondern das große Ganze, der heilige Vaterlandsgedanke.« Genau das ist der volkspädagogische Effekt der elitären geisteswissenschaftlichen Transformation der Philosophie gewesen, aus Kants transzendentaler Synthesis ist das große Ganze der Nation geworden. Es ist Kant in dieser Nation nicht besser ergangen als Marx unter Stalin. Als 1932 ein Abiturient die positive Lehre aus der deutschen Geschichte zieht: »Gemeinsam erduldete Not macht einig. So wird es wohl auch mit unserem Vaterland werden«, setzt der Direktor das Amen an den Rand: »hoffentlich«.

Schließlich hatte das hohe Ansehen der deutschen Professoren und überhaupt der »geistig Gebildeten« oder »geistigen Menschen«, wie man sie auch nannte, hatte das »Charisma« des »Geistigen« eine deutliche Ähnlichkeit mit dem der chinesischen Literaten. »In den Augen der Massen war der chinesische, erfolgreich geprüfte Kandidat und Beamte keineswegs nur durch Kenntnisse qualifizierter Amtsanwärter, sondern ein erprobter Träger magischer Qualitäten« (Weber).

Webers Analyse des fernöstlichen Literatenstands ist aber auch deshalb instruktiv, weil sie sofort die Unterschiede erkennen läßt, die den *modernen, aber modernitätsfeindlichen* deutschen Mandarin ausmachen.

Die deutschen Mandarine hätten es gern gesehen, wenn auch in ihrem Land gegolten hätte, was in China zwölf

Jahrhunderte lang galt, daß »weit mehr als der Besitz, die durch *Bildung*, insbesondere: durch Prüfung, festgestellte Amtsqualifikation den sozialen Rang« (Weber) auch tatsächlich bestimmt hätte und nicht nur primär Ansehen, Wertschätzung, sekundär ein gutes Einkommen, relative soziale Sicherheit und ein strikt *begrenzter* Einfluß auf die Zentren der Macht. Die deutschen Mandarine mußten sich am Ende immer mit der *symbolischen* begnügen. Ihr einheimisches Reich war nicht das des wirklichen und verwirklichten Hegelschen Geistes, es war das der *Ideologie*. Als Verwaltungskader waren sie allenfalls vorübergehend unentbehrlich, bald austauschbar, und die soziale Sicherheit eines gehobenen ökonomischen Status schmolz in der inflationären Krise mit dem Ersparten dahin. So neigten sie immer zu der Illusion, ihren ideologischen »sozialen Rang« mit ihrer tatsächlichen Macht zu verwechseln. Ganz anders die chinesischen Mandarine. Die waren *erstens* in einer Gesellschaft von Analphabeten kaum ernsthaft durch die Massen von unten gefährdet, da sie nicht nur die geistig höher Gebildeten waren, sondern auch die einzigen, die überhaupt lesen und schreiben konnten. So erschien ihr Wissen in ungleich größerem Maß als Geheimwissen, Magie und Charisma. Jenes der deutschen Professoren-Mandarine aber stand bei jeder Bildungsreform von neuem auf dem Spiel. Genau an diesem Punkt wird selbst der sonst meist bedächtig moderate Wilhelm Dilthey radikal und heftig. Erregt schreibt er am 10. 11. 1897 an den Grafen Yorck: »Wogegen wir jetzt wieder in der Universitätsfrage erleben, daß die Bureaukratie, die uns regiert (bei den Chinesen war's umgekehrt gewesen: die Mandarine beherrschten eine vormoderne Bürokratie – H. B.), keine selbständige, auf sich ruhende Existenz mehr anzuerkennen gewillt ist. Wir werden erleben, daß unter dem Impuls des Klassenneides von Geheimräten und Unterstaatssekretären gegen die Situation der Professoren eine Art von sozialistischem Experiment gemacht werden wird [...] bis nichts mehr da ist, als Masse und Regierung«; – zum offenen Protest mag der unpolitische Mandarin sich freilich auch in seiner Not nicht entschließen: »Ich habe daran gedacht, ob ich über die Frage schreiben sollte, aber ich habe mich damit begnügt, meinen Einfluß mitzuüben in Bezug auf den Protest unserer Universität«; – sichtlich verstimmt ob des niederen Themas bricht er ab: »Heut so viel – der nächste Brief soll wieder über Plato und Heraklit handeln.«

Schriftprivileg, Geheimwissen und Charisma waren *zweitens* im alten China Qualitäten, die die Literaten für die politische Führung ganz unersetzlich machten. Die »rituell [...] richtige Ordnung (zur günstigen Beeinflussung der Geisterwelt – H. B.) zu *erkennen* und danach die berufenen politischen Gewalten zu *beraten* war das, was die Schriftkundigen und *nur* sie vermochten. [...] Für die richtige *innere* Ordnung der Verwaltung und für die charismatisch richtige *Lebensführung* des Fürsten [...] war [...] der schriftkundige Kenner der alten Tradition der allein kompetente«. (Weber) *Drittens* konnten die so Privilegierten sich auf ein System kultiviert »ständischer Bildungsqualifikation« beschränken und auf »rationale *Fach*abrichtung« (Weber) ganz verzichten. Zwar ist der enge Zusammenhang von literarischer Bildung und höherer Beamtenschaft auch für die deutschen Mandarine – und in der Moderne vielleicht *nur* für sie – typisch. Humanistisch-geisteswissenschaftlich-geschichtlicher »Unterricht«, so Yorck am 22. 11. 1890 an Dilthey, »aber ist des *Staatswohls* wegen erforderlich, nicht nur für Gelehrte, für Geistliche [...] sondern auch für die höhere Bureaukratie«. Aber moderne Bürokratie und moderner Kapitalismus können, anders als traditionale Bürokratie und Agrarwissenschaft, auf Fachwissen, juristische, sozial- und naturwissenschaftliche Qualifikationen *nicht* verzichten. So sind die deutschen Mandarine von Anfang an gezwungen, die Schlangen am Busen ihrer Alma mater zu nähren, die ihre humanistisch gebildeten Herren dann im Fortgang der kapitalistischen Entwicklung zerdrücken werden: wissenschaftlicher Rationalismus und moderner Professionalismus.

Viertens, und das sollte schon aus politischen Gründen nicht unerwähnt bleiben, waren die alten chinesischen Literaten (aus Interesse und sozialer Lage, nicht aus Humanismus) Pazifisten, die deutschen Mandarine in ihrer überwältigenden Mehrzahl Militaristen. »Das konfuzianische, letztlich *pazifistische,* an innenpolitischer Wohlfahrt orientierte, Literatentum stand [...] den *militärischen* Mächten ablehnend oder verständnislos gegenüber.« (Weber) Die Mandarine des deutschen Geistes hingegen schlossen die Verklärung des Krieges (Abiturthema: »Wodurch verliert der Krieg das Grausige?«) mit einem, in einer treffenden Formulierung Marcuses, »heroischen Pauperismus« kurz. Das war kein Zufall, entsprach vielmehr ihrer sozialen Basis. Weil sie *primär* durch ihre symbolisch-ideologische Funktion in der sozialen Realität verankert waren, mußten sie sich *Illusionen* über die eigene Lage und ihre zukünftigen Möglichkeiten machen. Als ihrem Selbstverständnis nach »geistige Aristokratie« standen sie auf dem Kopf, nicht anders als der wirkliche Aristokrat Graf Yorck von Wartenburg, der Ende des vorigen Jahrhunderts in seiner Klasse, den preußischen Junkern und Rittergutsbesitzern, die aufsteigende, im liberalen Bürgertum des Westens hingegen die absterbende – und in der Arbeiterbewegung ohnehin nur den intellektuell herbeigeredeten Reflex utilitaristischer Dekadenz sehen konnte.

Fritz K. Ringer vertritt nun die These, die deutschen Mandarine seien eine »funktional herrschende Klasse« gewesen, »weil insbesondere die Beamten unter ihnen viele Regierungs*funktionen* ausübten«.[68]

Der Begriff einer »funktional herrschenden Klasse« ist allerdings mindestens mißverständlich, auf jeden Fall erläuterungsbedürftig. Wir können ihn nur übernehmen, wenn wir drei wesentliche Einschränkungen immer im Auge behalten.

1. Die *funktional* herrschende Klasse der Mandarine ist von dem *ökonomisch* herrschenden Besitzbürgertum ebenso wie von dem bis 1918 *politisch* herrschenden preußischen Erbadel streng zu unterscheiden. An die reale Macht des Bündnisses

von »Rittergut und Hochofen« (Helmut Böhme) reicht die der professoralen Funktionselite zu keinem Zeitpunkt heran. Eher ist sie der Siegellack, der das »Bündnis der Eliten« (Fritz Fischer) schließt. Politökonomisch gesehen ist das Mandarinentum die Zwischenklasse einer Übergangsepoche »zwischen der primär agrarischen Stufe der ökonomischen Organisation und der vollständigen Industrialisierung« – eingebettet in den institutionellen Rahmen einer »gründlich bürokratisierten Monarchie«. (Ringer)

2. Entschieden zu relativieren ist auch die Rede von einer funktional *herrschenden* Klasse, handelte es sich doch um eine, die, wie Ringer zu Recht hervorhebt, Regierungs*funktionen* ausübte. Sie blieb dabei immer der *funktional abhängige Teil* und gegenüber den Spitzen von Politik und Verwaltung durchaus *heteronom*. Ihre obrigkeitsstaatliche, der jeweiligen Führung meist treu dienende Gesinnung ist ebenso Reflex dieser sozialen Lage wie die schier endlose Reproduktion aristokratischer Ersatzsymbole mit all den Orden, Fahnen, Uniformen, Ehrenzeichen, Titeln: Frau Professor Geheimer Rat Doktor Müller für die Frau des Professors Müller, bürgerlich Frau Müller. Das hat vor allem amerikanische Besucher immer amüsiert. So berichtet Talcott Parsons, der in den zwanziger Jahren in Deutschland Soziologie studiert hat: »Als offizieller Austauschstudent an einer deutschen Universität wurde ich vom Rektor der Universität formell empfangen. Nach der Unterredung sagte ein befreundeter deutscher Student zu mir: ›Ich hoffe, du hast die richtige Form der Anrede ›Euer Magnifizenz‹ benutzt.‹ Als ich ihm antwortete: ›Nein, ich habe ihn mit ›Herr Professor‹ angesprochen‹, war er ehrlich entsetzt. Einem Amerikaner würde es dagegen reichlich lächerlich erscheinen, einen recht elend aussehenden, ältlichen Professor mit ›Euer Herrlichkeit‹ anzusprechen.«[69]

Das heißt natürlich *nicht*, daß die Mandarine, zumindest im Kaiserreich und während der Weimarer Republik, keine mächtige und einflußreiche Interessengruppe waren und in dem von 1871 bis 1945 fast durchgängig korporatistisch vermauerten Herrschaftsgefüge keine Lobby hatten – wenigstens so lange, wie ein funktionales Äquivalent nicht in Sicht zu sein schien. Das änderte sich spätestens ab 1918 dramatisch zuungunsten der Mandarine. Aber daß »die deutschen Universitäten [...] einmal die Nation geführt hätten« (Ringer), war nie etwas anderes als eine Allmachtsphantasie der deutschen Professoren.

3. Der Ausdruck »funktional herrschende Klasse« trifft jedoch genau den Punkt, wenn man ihn *primär*, nicht wie Ringer auf faktische Machtfunktionen, sondern auf die *symbolische*, nämlich (wie bei Justus Möser von Wahrheitswerten entkleidete) *ideologische Kompensationsfunktion* der Mandarinen*kultur* bezieht. Das ist ihre in dem preußisch dominierten Deutschen Reich tatsächlich *unverzichtbare* und insofern gesellschaftlich notwendige Funktion. Diese professoralen Ideologen des Kulturstaats vom deutschen Geiste *ersetzen* die im Zuge der funktionalen Modernisierung von Staat und Wirtschaft allmählich, aber unaufhaltsam schwächer werdenden Kräfte *traditional* legitimierter Herrschaft. Die historisch einzigartigen Bedingungen, unter denen sie ihre kompensatorische Rolle *erfolgreich* wahrnehmen konnten, waren die eines noch intakten *Feudalstaats*, der das paradox anmutende Kunststück fertigbrachte, *sich selbst mitsamt der ökonomischen Gesellschaftsformation umzuwälzen – ohne indes die Verständigungsverhältnisse zu revolutionieren.*

Was genau *kompensierten* die Mandarine? – Sie schafften *objektiv* einen funktionalen Ausgleich

(a) für die *schwächer werdenden traditionalen Bindungen* der christlichen Religion und des aristokratischen Wertesystems *und*

(b) für das *Fehlen demokratischer Verständigungsverhältnisse* und eine entsprechende politische Kultur.

So kann es nicht überraschen, daß ihre geisteswissenschaftlich geprägte und vom Affekt gegen die Intellektuellen bewegte Ideologie in der Regel die Gestalt eines *historistisch legitimierten, neotraditionalistischen und/oder neomythologischen Weltbildersatzes* annimmt. Damit ist eine *paradoxe* Aufgabe gestellt. Die Kompensationsideologie muß mit den Mitteln der historischen *Aufklärung*[70] ein *traditionales* Weltbild oder gar den Mythos *begründen*.

Nachdem der definitive Zerfall fraglos geltender, kulturell selbstverständlicher Traditionen einmal eingesetzt hat, können letztere sich nicht länger *aus sich heraus* legitimieren. Deshalb eben bedurfte es der Kompensations*leistungen* einer Mandarinen*kultur*. Die »modernen« Mandarine aber können nicht anders, als sich der *einzigen* Legitimationsmittel zu bedienen, die nach Verlust der naiven Glaubensgeltung von Tradition und Mythos noch verfügbar sind und sich mit der kulturellen Modernisierung seit der Aufklärung des 18. Jahrhunderts allmählich breitenwirksam durchsetzen. Das aber sind nun einmal die Mittel rationaler, posttraditionaler Begründung. Für eine Durchsetzung eben dieser Aufklärungstraditionen war im preußisch-deutschen, feudalkapitalistischen Herrschaftssystem kein Platz. So bedurfte es einer Ideologie, die das legitimatorische Potential der *Aufklärung zum Mittel macht, die breitenwirksame Durchsetzung der Aufklärung zu verhindern*. Es ist dann die Funktion von Geisteswissenschaft und Antiintellektualismus, die Aufklärung auf so kleiner Flamme zu kochen, daß die Substanz fragloser Überlieferung und selbstverständlicher Herkunft nicht verdampft, die zersetzten Partikel der alten Traditionen aber so zusammengerührt werden können, daß, wenn das Ganze dann gar ist, ein verführerisch duftender Brei neuer Traditionen auf den Tisch des Hauses der Nation gestellt werden kann. Nach 1945 wurde der Genuß solcher Speisen leider meist dadurch verdorben, daß immer noch »ein Nazi in der Suppe« (Thomas Bernhard) war.

Aus der soziologischen Beobachterperspektive gesehen, standen die Mandarine also vor der paradoxen Aufgabe, *Traditionen posttraditional neu erzeugen zu müssen*. Das war natürlich für die *Theoriebildung* in den Geisteswissenschaften sehr stimulierend und hat zu überragenden, produktiven Leistungen geführt, von der Ontologie der Geschichtlichkeit bis zur Phänomenologie der Lebenswelt.

In der *Praxis* freilich verfängt die *doppelte* Kompensationsfunktion einer »modernen« konservativen Kultur sich immer wieder in pragmatischen *Doppelbindungen* (P. Watzlawick). Sie endet regelmäßig als *Sozial-Pathologie* auf dem Zauberberg eines *historisch entzauberten neuen Zaubers*.

Die eigentümlich regressive Kraft von, grob gesagt, geisteswissenschaftlicher Aufklärung plus Antiintellektualismus und Antiegalitarismus ist Sozial-Pathologie auch exakt in dem von Klaus Eder in seinem Buch über die »Pathogenese politischer Modernität in Deutschland« herauspräparierten, *selbstdestruktiven* Sinn von »Pathologie«: nämlich *Selbst-Zerstörung der Aufklärung*, was die Zerstörung noch der *eigenen* Grundlagen historistischer Entzauberungsleistungen einschließt.

Das damit enthüllte *Doppelgesicht* der Mandarinenideologie macht nun den Schrecken der Mandarine vor der Autonomie ganz verständlich. Wenn nämlich richtig ist, daß, wie ich unterstellt habe, die soziale Existenz der Mandarine wesentlich durch ihre hegemoniale Stellung in der Kultur definiert ist, dann würden ihre soziale Rolle und ihr Ort in der Gesellschaft durch eine endlich erfolgreiche Demokratisierung der Verständigungsverhältnisse zerstört und in ihrem Sinn entwertet. Sie würden auf der öffentlichen Seite ihrer Existenz zu dem, was sie immer am meisten gefürchtet haben: entwurzelte Intellektuelle. Sind die Verständigungsverhältnisse erst einmal demokratisiert und ist die Demokratie in der Massenkultur verankert, gibt es nämlich nichts mehr zu kompensieren. Autonomie und Aufklärung wären an die Stelle von Mythos und Tradition getreten. Daß die letzteren ihre Geltung eingebüßt haben, wissen die Mandarine auch. Sie fürchten deshalb die von Westen herandrängenden Ideen der Zukunft weit mehr als alle Mächte der Vergangenheit.

In Deutschland lösen die Mandarine die alten »Intellektuel-

lenschichten« aus Aristokratie und Klerus ab, um eine heteronome, neue »Aristokratie der Gebildeten zu begründen«, die bei der wirklichen um die Anerkennung »als eine Art Geistesadel« nachsucht (vgl. Ringer). Das wird ihr großmütig gewährt, nicht nur, weil es nichts kostet, sondern weil die wirklich herrschenden Klassen der ideologischen Unterstützung dringend bedürfen. Im Konzert der deutschen Eliten haben diese »Ritter vom Geiste« (Karl Gutzkow) den Part der *symbolischen Synthese* übernommen. Darin gründet ihr (illusionärer) Anspruch auf »geistige Führerschaft«.
In dem Essay von Karl Jaspers über »Die geistige Situation der Zeit« klingt das 1931 so – und Jaspers, der Antinazi, hat durchaus, anders als die vielen Kollegen, die damals im »Führer« ihren »geistigen« sahen, erkannt, daß es mit der Gesellschaft des Mandarinentums zu Ende geht: »Der Verfall hat einen geistigen Grund. *Autorität* war die Form der Bindung im Vertrauen; sie gab Gesetz für Ungewißheit und verband den Einzelnen mit dem Seinsbewußtsein. Diese Form (der alten »Intellektuellenschichten« – H. B.) ist im 19. Jahrhundert im Feuer der Kritik endgültig zerschmolzen.« (Das antiintellektuelle Motiv!) »Damit hat der Prozeß der *Nivellierung* begonnen«: »Überall ist die Masse des Durchschnittlichen.« (Das antiegalitäre Motiv!) »[...] weichliche Humanität, in der die Humanitas verloren ist, rechtfertigt mit blutleeren Idealen das Elendeste und Zufälligste. Die Wahrheit aber, welche im Wesen Gemeinschaft stiftet, ist ein jeweils geschichtlicher Glaube, der nie der Glaube aller sein kann. Wohl ist die Wahrheit verständiger Einsicht nur eine für alle, aber die Wahrheit, die der Mensch selbst ist [...], scheidet ihn« vom Man der Masse Mensch und begründet den Anspruch auf geistige Führung in die »neue Welt«, die entsteht im Staat, der den »Willen« des Menschen »zu seinem Ganzen« ausdrückt und »in der geistigen Schöpfung, durch die er zum Bewußtsein des Wesens kommt«. Denn so sieht der Mandarin sich selbst: »Mensch sein in dem Adel freier Selbstschöpfung« muß »zum Anfang zurück, [...] aus dem

Staat und Geist Blut und Wirklichkeit erhalten.«

Die Mandarine unterscheiden sich gleichermaßen von den modernen *Intellektuellen* wie von den *professionellen Experten*. Wenn sie öffentlich die Stimme erheben, appellieren sie nicht an allgemeine Wahrheits- und Rechtsansprüche, sondern erneuern den Führungsanspruch des exklusiven Geistes über den Ungeist der ungebildeten Massen. Sie machen sich nicht zum Anwalt verallgemeinerungsfähiger Interessen, plädieren für die Macht des Geistes und besitzen eine »starke Neigung zum gnadenlosen Moralisieren« (Ringer). Sie sind Gelehrte, die »Schriftsteller« und »Asphaltliteraten« verachten, aber vom »Dichter« schwärmen. Max Weber spricht immer nur verächtlich vom »Gerede und Geschreibe der Literaten«, Graf Yorck sieht die eigene Zeit der »totalen Goethelosigkeit« überführt. Der Ort der Mandarine ist nicht inmitten, er ragt, olympisch, aus der Massenkultur heraus. Der Mandarin steht über den Parteien: »Wenn es nicht gelingt, die Sache der Nation wieder über die Sache der Partei zu stellen, so sind wir verloren.« Diesen Satz unterstreicht Eduard Spranger in dem oben schon zitierten Text. Im Ernstfall fordern sie nicht allgemeine Zustimmung, sondern allgemeine Gefolgschaft. Das gilt keineswegs nur von Nazis wie Schmitt, Forsthoff und Freyer, auch Jaspers denkt 1931 nicht anders: »Man fragt nach dem tieferen Grund und findet die Staatskrise; wenn die Weise des Regierens zu keiner entschiedenen Willensbildung des Ganzen führt und die Gesinnung der Zustimmung schwankt, schwankt alles.« Die Fähigkeit zur höheren Synthese stattet sie mit einem orientierungspraktischen Deutungsprivileg für Totalität aus. Das unterscheidet ihr akademisches Examen vom Diplom für Professionen, deren Deutungskompetenz in die engen Grenzen des Faches eingebunden und ohne Diplom fürs Ganze bleiben.

Trotzdem teilen die Mandarine mit den Intellektuellen und den Professionen eine ähnliche *entwicklungsgeschichtliche* Voraussetzung: die Ausdifferenzierung von Expertenkultu-

ren und Massenkultur, von *Wissenschaft und Öffentlichkeit*.
 Die *Kader* der deutschen Mandarine sind die *Universitätsprofessoren*, ihr *Zentrum* ist die Universität. Mandarin wird man durch das Zertifikat. Ohne ausdifferenzierte Wissenschaft und ohne autonomisiertes Universitätssystem keine Mandarine, aber auch keine Intellektuellen und keine Professionen. Aber die deutschen Mandarine sind, anders als die Intellektuellen und die Spezialisten des Westens, Produkt der *Idee* und vor allem der *Wirklichkeit* der *deutschen* Universität. Ihre Geschichte ist die einer sehr spezifischen *Transformation der Philosophie des deutschen Idealismus zur Ideologie des Mandarinentums*.
Nach dem Willen der idealistischen Reformer sollte die Autonomie der deutschen Universität von der *Idee der Bildung* getragen werden. Obwohl sie im Geist des deutschen Idealismus rationalistisch und universalistisch, an humanistischen Idealen der Freiheit und Selbstverwirklichung orientiert war, verbanden sich mit ihr von Anfang an konservative, eigentümlich rückwärts gewandte Momente wie die Sehnsucht nach einer maßvoll aufgeklärten Wiederherstellung der übergreifenden Einheit traditionaler Gesellschaften im humanistischen Kulturstaat. Die tiefe *Ambivalenz* des idealistischen Bildungsbegriffs machte ihn elastisch und flexibel genug, um in der Wirklichkeit der deutschen Universitäten radikal *modernistische* Elemente mit ganz und gar *vormodernen*, traditionalistischen, ja reaktionären zu versöhnen. Was durch die Berliner Universitätsgründung im 19. Jahrhundert in Gang gesetzt wurde, war eine politisch konservative, aber fast ein Jahrhundert lang ungeheuer produktive Mischung, die freilich kaum noch den humanistischen Idealen eines Humboldt entsprach. Die idealistisch *gemeinte* und auf Philosophie, klassische Sprachen und Literatur zugeschnittene Parole von der »reinen Wissenschaft« war nämlich in ihrer sozialen *Wirkung* auf *Inklusion* angelegt und bot deshalb ausgerechnet den *Naturwissenschaften* im 19. Jahrhundert die einmalige Chance, im Kompromiß mit der sozial wie poli-

tisch *exklusiven* Kultur des preußisch-deutschen Obrigkeitsstaates zum Kern des damals weltweit erfolgreichsten und (technisch-szientifisch!) leistungsfähigsten Universitätssystems zu werden.[71] Es nahm so von Anfang an ideell, im »Überbau« und im institutionellen Mikrokosmos der Universität genau jenen, dann für das Kaiserreich strukturbildenden Kompromiß zwischen entfesselter Industrialisierung, moderner Bürokratie und aristokratisch-feudaler Herrschaft *vorweg*. Die ursprünglich aus dem durchaus revolutionären Denkansatz des deutschen Idealismus hervorgetriebene Bildungsidee hat sich noch in der Stunde ihrer Institutionalisierung in eine *affirmative kulturelle Kompromißformel* verwandelt. Im Schatten der Formel: »Sittliche Bildung durch reine Wissenschaft!« konnten im vergangenen Jahrhundert die modernen Naturwissenschaften zum *kognitiven Kern* der Universität werden und ihre Produktivkraft im institutionellen Rahmen einer ganz und gar philosophisch-geisteswissenschaftlich geprägten Universität entfesseln. Die Naturwissenschaften blieben in ihrer öffentlichen Auslegung dem elitären und antidemokratischen Überbau der Mandarinen-Universität fest eingefügt.

In der faktischen Durchsetzung ihres *kulturellen Hegemonieanspruchs* waren die deutschen Mandarine seit der zweiten Hälfte des 19. Jahrhunderts außergewöhnlich erfolgreich. Das Grundschema ihrer symbolischen Macht: die ausgrenzende Dichotomie von *Geist* und *Intellekt* war so dominant, daß selbst noch die marginalisierten egalitären Intellektuellen nach der zweiten gescheiterten Revolution immer wieder – von den Appellen zur Gründung einer »geistigen Internationale« bis zur marxistischen Kategorie der »geistigen Arbeit« – auf dieses Schema zurückgreifen. Carlo Mierendorff, der 1919 die »Intellektuellen« zu Hütern der Revolution erklärt und ausdrücklich ein »Bekenntnis zur Kosmopolität« ablegt, fordert im selben Atemzug die Intellektuellen auf: »Seid nicht Intellektuelle, seid Weise.«[72]

Durch Krieg und Revolution ideologisch tief verunsichert,

durch die Inflation materiell hart getroffen und durch den allzu defizitären Demokratisierungsschub, der die Macht der alten herrschenden Klassen kaum brechen konnte, zu Zugeständnissen und Kompromissen genötigt, blieb das Mandarinentum auch nach 1918 eine funktional herrschende Klasse. In der Inflation erfuhren die Mandarine zwar »die Not der geistigen Arbeiter« – so der Titel einer Studie Alfred Webers aus dem Jahr 1923. Der »stumme Zwang der Verhältnisse« (Marx) drängte ihnen den ökonomischen Kern ihrer Existenz unnachsichtig auf. Sie erwachten aus imperialen Weltkriegsträumen als »Rentenintellektuellentum« (A. Weber). Aber selbst ein vergleichsweise liberal gesonnener und soziologisch ernüchterter Mandarin wie Alfred Weber teilt die Illusionen der Zunft über die Macht des Geistes und die absolute Unentbehrlichkeit der höher Gebildeten, indem er schlicht die partikularen Interessen der Mandarine, Künstler und Intellektuellen mit den existentiellen des Staates identifiziert und den »Primat des Geistigen über das Ökonomische« beschwört. »Dem Staate aber, und vor allem dem heute so schwer um sein Dasein ringenden, wird dabei zu sagen sein, daß dieses Dasein sicherlich einmal von ihm verspielt sein wird, wenn er dem Kampf um den Primat des Geistigen über das Ökonomische weiter mit der halben Lauheit von heute zuschaut. Was hier gekämpft wird, ist in Wahrheit der Kampf um seine eigene Existenz.« So denkt der Mandarin: der Geist ist die Basis, Ökonomie und Interesse sind Überbau. »Zerfällt der geistige Hintergrund der Allgemeinheit, so wird auch (der Staat) zerfallen und die Beute der miteinander ringenden Wirtschaftskräfte werden, über denen dann keine Macht mehr da ist, die er anrufen kann, um sie zu bändigen. Er wird mit dem Geistigen und den geistigen Arbeitern und ihrer Stellung in der Allgemeinheit leben oder sterben.«[73]

Die *kulturelle* Hegemonie dieses Denkens konnte weit über den politischen Niedergang und die soziale Gefährdung hinaus auch nach 1933 gewahrt werden, teils unter Zugeständnissen, teils unter direkter Assimilation an die Naziideologie, im Kern aber stabil. Der Literaturkanon des deutschen Gymnasiums bleibt klassisch, die Romantik weitgehend ausgegrenzt, und die Moderne hatte ohnehin nie existiert – das sollte sich erst Ende der sechziger Jahre ändern. Am »Zielpunkt 1933« (Michael Stürmer) war es von der Ideologie der deutschen Professoren zu jener der Faschisten immer nur ein kleiner Schritt, und viele waren so begeistert, daß sie gleich einen Sprung in die braunen Uniformen machten.

Schließlich konnte man damals auch Rassist sein, ohne den Opportunismus gleich wie Carl Schmitt zu der zitierten zoologischen Begründung des Führertums voranzutreiben. Begründungen waren beliebig geworden. Der Antisoziologe auf einem soziologischen Lehrstuhl, Hans Freyer, ist ein ganz typisches Beispiel für einen antisemitischen Rassismus, der die Fundamente tiefer legt als in die schwankend wirre Schicht positivistischer »Biologie«. Dagegen insistiert Freyer darauf, daß das »ganze Reden von der ›Rasse‹« nur mit Bezug auf die »überdauernde existenzielle Schicht des Volkstums« seinen »Ursprung und sein Recht« habe. »Dies und nicht reine Biologie ist doch, tiefer verstanden, der Sinn der Rede von der ›Rasse‹.« Gerade um Einwänden gegen die Rassenlehre der Nazis begegnen zu können, insistiert der klügere Freyer, der weiß, daß das alles wissenschaftlicher Blödsinn ist, auf einer geisteswissenschaftlichen Grundlegung des Rassismus: »[...] wenn man einwendet, reine Rassen gäbe es nicht, so treffen diese Einwände an der Idee der Rasse, wie sie ein Bestandteil des neuen Weltbildes ist, völlig vorbei. Was hier unter Rasse verstanden wird, das ist nicht ›bloß‹ Biologie, sondern es bedeutet das organische Drinstehen des gegenwärtigen Menschen in der konkreten Wirklichkeit seines Volkes [...], das sich niedergeschlagen hat im körperlichen und seelischen Sein des Menschen und das allen Äußerungen der Kultur, bis in die höchsten, individuellsten Schöpfungen hinauf, ihre innere Norm verleiht.«[74]

Natürlich konnte man auch, wie das Beispiel Heidegger

lehrt, ein guter Nazi sein und sich in der Rassenfrage eher bedeckt halten – zumindest was die öffentlichen Stellungnahmen betrifft. Der Rückgriff auf die Seinsfrage in »Sein und Zeit« – hinter die autonome Vernunft zurück – war formal genug, um das Tor für alle möglichen Irrationalismen offenzuhalten. Ist dann die Zeit der »Entscheidung« gekommen, marschiert der Führer durchs offene Tor in das Haus des Seins. In diesem, seine eigentliche Philosophie betreffenden Punkt, sieht sich Heidegger auch in der berüchtigten Rektoratsrede zu keinem politischen Opportunismus genötigt. Das ist alles Konkretion, politische Operationalisierung, nicht Revision von »Sein und Zeit«. Heidegger ist 1933 mainstream, und der empfiehlt die instrumentelle Indienstnahme der Wissenschaft durch das Regime (Rothacker dient sich noch 1944 mit der Bemerkung an, Philosophie wäre »genauso kriegswichtig wie die Technik«), propagiert die Öffnung der Geisteswissenschaften für alle Elemente der Naziideologie (von der stillschweigenden Akzeptanz des Rassismus über die vielfältigen, feinsinnig gebildeten Formen bis zur grölenden Identifikation) und identifiziert den deutschen Geist in der Gefahr mit dem blinden Authentizitätswillen zu nichts als sich selbst (Spengler: »Wir wollen keine Sätze mehr, wir wollen uns selbst«). Klassenverrat mußte der deutsche Mandarin nicht begehen, um Nazi zu werden. Es gab genug Brücken, auf denen man ans braune Ufer kommen konnte, ohne zugleich ein erträgliches Maß an Opportunismus überschreiten zu müssen.

Es hat auch andere gegeben. Zu den Abweichlern gehörte neben Figuren wie Ernst von Aster, Karl Jaspers oder Alfred Weber ganz gewiß der Philosoph Theodor Litt. Noch im Jahr der Rektoratsrede von Heidegger hat er eine Rede zum vorgegebenen Thema »Die Stellung der Geisteswissenschaften im Nationalsozialistischen Staat« auf einer Tagung über »Erziehung im Nationalsozialistischen Staat« nicht halten können, weil die Tagungsleitung ihn nach Kenntnis des Vortrags wieder auslud. Dieser erschien dann im Heft 12 der

Zeitschrift »Die Erziehung« bei Quelle & Meyer in Leipzig. Theodor Litt gelingt darin eine verzweifelte Ehrenrettung der geisteswissenschaftlichen Transformation der Philosophie. Die Rede ist eine kaum verhohlene Absage an das Regime. Das war eine Haltung, die mutig genug war, den politischen Fehler, zu diesem Thema zuzusagen, wettzumachen. Aber das ist nicht die interessante Frage. Ideologisch nämlich stand Litt den Nazis kaum ferner als die meisten seiner Kollegen. Er war zwar als Hegelianer vergleichsweise rationalistisch orientiert, aber die bei ihm alles umspannende synthetische Grundkategorie der »Totalität« ist auch in seinen Schriften so schwammig und vollgesogen mit lebendigem Leben, daß sie für irrationalistische Ausdeutungen zumindest durchlässig bleibt. So finden sich auch in der Rede von 1933 die meisten ideologischen Versatzstücke, die für das Denken der Mandarine unverzichtbar waren, vom Rekurs aufs »ewig Geistige« über den geistespolitischen Auftrag der Geisteswissenschaften (s. o. S. 63) und die alles fundierende Geschichtlichkeit bis zu dem nationalpolitischen Illusionismus der »Wende von 1914« (Litt, S. 21).

Auf dem Boden *dieser* geisteswissenschaftlichen Ideologie gelingt es Litt, wenn auch nur in einer aussichtslosen, aber ehrenvollen Gegenströmung, die in der geisteswissenschaftlichen Transformation zerschlissenen Kräfte des deutschen Idealismus ein letztes Mal zusammenzuführen und dessen Geist gegen den der Zeit mobil zu machen.

Anders als Heidegger und seine Freunde versteht Litt den selbst gegebenen geistespolitischen Auftrag ausdrücklich *nicht* als instrumentelles »Dienstverhältnis«, sondern beharrt auf der Ungebundenheit des geistigen »Wächteramtes« (S. 6 f). Litt verteidigt unumwunden die Autonomie der Geisteswissenschaft *als* Wissenschaft gegen die Zumutungen des Regimes und weigert sich, »Wissenschaft« zu nennen, »was in Wahrheit keine Wissenschaft ist«, jene nämlich, die sich instrumentell verfügbar macht, auf ihr »Eigenrecht« verzichtet und »von vornherein mit gebundener Marschroute loszieht«. Dieser Instrumentalismus war der harte Kern der nationalsozialistischen Wissenschaftspolitik.[75] Mit der Übernahme des Parteiauftrags aber, so Litt bündig, hat die »*Wissenschaft*« ihren Anspruch, »als Wissenschaft anerkannt zu werden [...] verwirkt«. (S. 8) Obwohl der Mandarin Litt die »Aufrüttelung des historischen Bewußtseins« 1933 »mit unerhörter Gewalt verspürt« (S. 21), gibt er dieser Gewalt nicht nach, sondern ermahnt den »geisteswissenschaftlichen Forscher«, aus der »Verbundenheit« mit Leben und Geschichte keine »Knechtschaft werden« zu lassen, »die seine Wissenschaft dem Gebot außerwissenschaftlicher Mächte unterwirft« (S. 12). Auch Geisteswissenschaft kann nur »aus jener Freiheit des denkenden Geistes heraus erwachsen [...], die man« ihr 1933 »als ›liberalistische‹ Selbstherrlichkeit verweigern will«. Litt atmet den Geist der großen »Synthesen« und des »Ganzen«. Aber er beendet sein Referat mit der Warnung, »dieses Ganze bzw. die angeblichen Weisungen dieses Ganzen *an die Stelle (der) denkerischen Selbstverantwortung (des Forschers) zu setzen*« (S. 24). Heidegger fordert zur selben Zeit von den Studenten, an die Stelle des selbstverantwortlichen Denkens das des »Führers« zu setzen.

Vor allem aber ist die Rede Litts, in ihrem Hauptteil, ein scharfer und kompromißloser Angriff auf die irrationalistische Rassenlehre der Faschisten. Litt weist den naturalistischen Biologismus der Nazis zurück – ohne ihnen einen ontologischen Ersatz, einen »tieferen« (Freyer) Begriff der Rasse anzudienen. Er durchschaut die Rassenlehre als Ursprungsmythologie, und kommt sogar der damals bereits nach Genf ins Exil verjagten Frankfurter Schule darin nahe, daß er die konkrete Geschichte gegen ihre Ontologisierung und Fundierung in »der tragenden und zeugenden Tiefenschicht des Unbewußten, Instinkthaften, des Dunkel-Irrationalen« in Schutz nimmt. Die Disziplin aber, »die man gerne als ›Rassenkunde‹ bezeichnet«, zerstört die Geisteswissenschaften, indem sie die Geschichte »entwertet«, »gleichgültig ob man den Begriff der Rasse in einseitig biologischem oder in einem überbiologischen Sinne versteht« (S. 14). Die Frage, ob »Blut« und »Rasse« den »vorhistorischen, untergeistigen Urgrund alles im Lichte der Geschichte Gewirkten und Geschaffenen« legen, beantwortet Litt »mit einem nachdrücklichen Nein« (S. 16). Denn: »In der echten Geschichte [...] verwirklichen sich sinnhafte Ordnungen, [...] die über alle biologische Notwendigkeit weit hinausführen, ja die sich die biologischen Unterlagen *unterwerfen*!« (S. 18) Das kommt fast schon Kracauers Forderung an die Intellektuellen nahe, alle naturalen Mächte abzubauen.

Gegen den deutschen Authentizitätswahn schließlich, in fremden Kulturen und in der »Welt seiner Mitwesen« »überall« und »immer nur« »*sich selbst*« zu suchen, appelliert Litt an das idealistisch kosmopolitische und frühromantische »Erbe« der Geisteswissenschaften: »es treten« in der Begegnung verschiedener Kulturen immer mindestens »zwei Partner in eine Auseinandersetzung ein, aus der *beide* gewandelt und neugeboren hervorgehen. [...] Was sich aus solchem Ringen geistiger Welten als geschichtliche Gestalt entbindet, das spottet der Zurückführung auf ein starr festliegendes ›Bluterbe‹ der *einen* Seite«. (S. 17) Litt warnt 1933 »vor dem Wahn«, die eigenen Antriebe und Ideen könnten unfehlbar sein. Gegen die Bedrohung durch diesen Wahn böte »eine verantwortungsvoll ihrem Werk dienende Wissenschaft vom Geist eine unverächtliche Schutzwehr« – freilich nur dann, wenn sie ihren Begriff der Geschichte »gegen alle ›rassenkundlichen‹ Verdrängungen verteidigt« (S. 19).

Zu dieser Verteidigung ist es, wie wir wissen, nicht mehr gekommen. Mit einer *solchen* Verteidigung des Geistes stand Litt 1933 schon außerhalb der hegemonialen Ideologie der Mandarine. Für die erste Zeit der Naziherrschaft war die Rektoratsrede Heideggers offenbar die zeitgemäße Erscheinungsform dieser Ideologie. Vielleicht haben viele der Kollegen Theodor Litts 1933 ähnlich *gedacht* wie er, dann haben sie es jedoch erst nach 1945 *gesagt*. Alles, was Litt sagt, bleibt in einem Rahmen, in den sowohl die tiefe Ablehnung der

Demokratie durch die Mandarine wie ihre vage Sehnsucht nach politischer Autorität, sozialer Harmonie und geschichtlicher Größe paßt – auch wenn Litt vielleicht vorsichtiger und nüchterner ist als die Mehrheit. Da Litts Ablehnung der faschistischen Ideologie völlig konsistent und schlüssig aus seinen Grundannahmen folgt, stellt sich sofort die Frage, warum nur wenige zu ähnlichen Schlußfolgerungen gelangt sind – und zumindest öffentlich zumeist das Gegenteil *gesagt* haben.

Obwohl die nackte Gewalt politischer Repression in den dreißiger Jahren kaum zu unterschätzen ist, wurde derjenige, der versuchte, in ähnlicher Weise wie Theodor Litt (und einige andere) zu reden, nicht gleich eingesperrt oder ermordet. Freilich wurde Litt bald aus dem Staatsdienst entlassen. Auch das materielle Interesse dürfte das (bestenfalls) schweigende Verhalten der meisten Mandarine kaum erklären. Viel mehr, als sie ohnehin schon hatten, haben sie auch von den Nazis nicht bekommen, die sie im übrigen, selbst wenn sie, wie viele, eifrig und aktiv dem »Führer« gefolgt sind, eher schlecht behandelten und ihrer ideologischen Beflissenheit gegenüber oft argwöhnisch waren; zudem wurde die öffentliche Rolle der Professoren und Akademiker insgesamt fast gänzlich neutralisiert und an den Rand gedrängt. Gewiß war der Opportunismus unter den Mandarinen am Ende der Weimarer Republik weit verbreitet. Aber Opportunismus kann nicht alles erklären, vielmehr erscheint dessen Ausmaß selbst erklärungsbedürftig, vor allem dann, wenn er mit einer realitätsblinden Illusionspolitik zusammenfällt, die sich am Ende auch im eigenen Partikularinteresse nicht als besonders opportun erwies.

Der Hinweis auf Zwang und Interesse erklärt auch nicht hinlänglich das auffällige Mißverhältnis von Denken und Reden, das beredte Schweigen und die allzu geringe Zahl derer, die ähnliche Konsequenzen aus der geisteswissenschaftlichen Hintergrundsideologie zu ziehen in der Lage waren wie Litt. Das stützt die zu Beginn dieses Abschnitts geäußerte Vermutung, daß es sich bei der geisteswissenschaftlichen Transformation der idealistischen Philosophie in Deutschland um eine *pathologische* Form der Transformation gehandelt haben könnte.

 Beim geisteswissenschaftlichen Umbau des deutschen Idealismus (Kant inklusive) ist der Rationalismus dieser Philosophie Stein um Stein abgetragen worden. Was übrig blieb, muß Litt am Ende (erfolglos) gegen die »›rassenkundlichen‹ Verdrängungen« verteidigen. Er kann nicht einfach auf gesicherte Bestände zurückgreifen, er muß an einen längst verdrängten Rationalismus appellieren. Der Weg vom »kritischen Idealismus« Kants und Hegels zum »›existentiellen‹ Opportunismus« Freyers und Heideggers[76] war ein Prozeß fortschreitender *Verdrängung und Zerstörung der autonomen Vernunft.*

Wenn Graf Yorck 1892 mahnt, Luther solle der Gegenwart präsenter sein als Kant, so wiederholt er nur, im Affekt gegen den Neukantianismus, was längst zum Selbstverständnis der deutschen Mandarine, auch vieler Neukantianer, geworden war. Kant wird mit der in Deutschland bewußtseinsbildenden *autoritären Version des lutherischen Protestantismus* versöhnt, der eher pragmatische, gegen metaphysische und idealistische Trompetentöne stets skeptische, westlich orientierte Aufklärer und Philosoph wird zum metaphysischen Flaggschiff eines lutherischen Protestantismus, dem das Motiv der äußeren Weltgestaltung ebenso fehlt wie die libertär anarchistischen, radikaldemokratischen Züge der protestantischen Sekten des Westens. In der einflußreichen, mehrbändigen, den Neukantianismus vorbereitenden Entwicklungsgeschichte der kritischen Philosophie von Kuno Fischer wird 1860 aus Kants »transzendentalem Standpunkt« der lutherisch-metaphysische »Blick von der Wartburg«. Fischer macht aus Kant, wie Köhnke gezeigt hat, eine antimaterialistische Populärphilosophie. Das liest sich im Kontext dann so: »Ich kann Eisenach aus zwei verschiedenen Standpunkten betrachten, einem niedern von beschränkterem Gesichtskreise und einem höheren, den ich auf der Wartburg nehme. Von hier aus kann ich den frühern, unterhalb gelegenen Standpunkt selbst sehen und beurteilen, was ich nicht konnte, so lange ich ihn einnahm. In diesem Bilde zu reden, wäre der transzendentale Standpunkt der Blick von der Wartburg, der auf den früheren Gesichtspunkt herabsieht. Und das Wort transzendental deutet sehr gut an, was die Philosophie soll: sie soll steigen!«[77]

So gerät Kant unter die deutschen Mandarine, die nun ausgerechnet ihren Antisemitismus damit »begründen«, die »Nation Kants« (Treitschke) zu sein. Es sollte für Kant noch schlimmer kommen.

Der Rückstufung des autoritätskritischen Idealismus zur autoritären lutherischen Theologie folgt die nationalistische Einbeutung auf dem Fuße. Der von Windelband und anderen immer wieder als Begründer des Neukantianismus gefeierte Otto Liebmann macht, beständig den Schlachtruf: »Zurück zu Kant!« auf den Lippen, aus dessen Kritizismus eine *Philosophie des Untertanen*, dessen »höchste Ideale« »Deutschland, Kaiser Wilhelm« heißen.[78] Der so zerstörte idealistische Vernunftbegriff wird nach dem Triumphzug von 70/71 durch militaristisch tönendes, *idealistisches Pathos* ersetzt. In Liebmanns breit rezipiertem »Belagerungstagebuch« wird der »Geist des Kritizismus« so bestimmt: »›Gewehr auf!‹ ›Gewehr ab!‹ ›Rechts um!‹ ›Links um!‹ [...] Alles bis ins Kleinlichste [...] soll in dieser Armee [...] penibel vorschriftsmäßig sein [...]. Dem außer der Sache stehenden Beobachter mag das als lächerlicher Kamaschendienst erscheinen. So faßt es z. B. Heinrich Heine auf und verspottet es.« Aber der Spötter verfehlt das Wesen des »Kamaschendienstes«, nämlich den *Geist des kategorischen Imperativs* nach Abzug des Intellekts: »der Geist der Disziplin und Subordination, das Postulat uneigennütziger strenger, gewissenhafter Pflichterfüllung, das Bewußtsein der Pflicht zu völliger Selbstaufopferung gegenüber Gesetz und Staat. Der borstige Egoismus soll den Mund halten, der Einzelne sich fortwährend als subordiniertes Glied der Allgemeinheit fühlen. Es ist der Geist des kategorischen Imperativs. [...] der Geist der politischen Zucht und Ordnung.« Selbst der eher liberal gesonnene »aufgeklärt-konservative« Mandarin Adolf von Harnack verfällt 1924 anläßlich seiner »Gedächtnisrede zur Einweihung des Grabmals« Kants in Königsberg dem preußisch-dröhnenden Tonfall Liebmanns: »Und so ruft uns Kant heute, in dieser schweren Zeit des Vaterlands, aus seiner Grabstätte zu: ›[...] dient mit eisernem Pflichtgefühl dem Vaterland‹.« (Berlin 1924, S. 13)

Ist Kants universalistischer Moralismus erst einmal durch das »gnadenlose Moralisieren« (Ringer) der Mandarine abgelöst und aus Kants utopischem Rationalismus des ewigen Friedens eine *militaristische Binnenmoral* geworden, dann ist das Einfallstor für einen nach außen und gegen den »inneren Feind« vernichtungswütigen, von allen moralischen Restriktionen entlasteten, *machtstaatspolitischen Sozialdarwinismus* längst weit geöffnet. »Die sozialdarwinistische Gedankenwelt ist also keinesfalls – wie es heute oft dargestellt wird – erst eine Eigentümlichkeit Hitlers. Vielmehr ist dieser darin ein Kind der Vorweltkriegszeit.«[79] 1895 reagiert der Heilige des deutschen Liberalismus, Friedrich Naumann, auf Max Webers Freiburger Antrittsvorlesung in der von ihm gegründeten »Wochenschrift für Politik, Literatur und Kunst«, »Die Hilfe«, mit begeisterter Zustimmung: »Das geträumte Menschenglück im Allgemeinen kommt nicht, immer wird Kampf sein, und unsere Aufgabe ist es, unseren Nachfahren für ihren Kampf den Boden zu ebnen. [...] Was nützt uns die beste Sozialpolitik, wenn die Kosaken kommen? [...] Wir brauchen einen Sozialismus, der regierungsfähig ist. [...] Ein solcher Sozialismus muß deutsch-national sein.«

Der Satz, auf den Naumann so reagiert, lautet bei Max Weber: »Nicht Frieden und Menschenglück haben wir unseren Nachfahren auf den Weg zu geben, sondern den *ewigen Kampf* um die Erhaltung und Emporzüchtung unserer nationalen Art.«[80]

Auch in diesem Denken – das einer völligen Umkehrung von Kant gleichkommt – geht *optimistische Metaphysik* zwanglos mit *sozialem Pessimismus* einher. Freilich ist es eine Metaphysik *nach* der Metaphysik, sie hat die Transformation der Philosophie bereits im Rücken, und sie ist optimistisch nicht im Hinblick auf den (wie bei Hegel durch Vernunft regierten) Lauf der Welt, sondern in der absolutistischen Gewißheit, mit der sie den Erfahrungen synthetisierenden, durch Erfahrung aber nicht beweisbaren (und insofern streng metaphysischen), allgemeinen Satz behauptet, der Welt Lauf wäre »ewiger Kampf«. Mit einem an nichts als Stimmungslagen und Gewißheitserlebnisse appellierenden Pathos des Ewigen wird hier ein tiefer Pessimismus über den Gang der menschlichen Dinge in der Welt verkündet. Dadurch wird der *Schein eines unumstößlichen Realismus* erzeugt. Aber in Wahrheit ist dieser heroisch-männliche nichts als ein *pathologischer Realismus*. Es ist die bis heute bewundernswerte Leistung Max Webers – obwohl er immer so gedacht hat –, realistisch genug gewesen zu sein, um schließlich diesen sozialdarwinistischen Pseudorealismus als wissenschaftlich unbeweisbare Ideologie zu durchschauen und daraus für sein wissenschaftliches Werk die entsprechenden Konsequenzen zu ziehen. (Das, nebenbei, auch an die Adresse derer, die heute wieder, wie Wilhelm Hennis, im Aufwind des Zeitgeistes versuchen, Weber auf Nietzsche zu reduzieren.)

Hinter dem ganzen wirren Haß der Mandarine auf Positivismus, Instrumentalismus und Utilitarismus stecken am Ende nichts anderes als eine rigide, *konventionelle Binnenmoral* und ein ganz und gar *instrumenteller, pathetisch überhöhter Utilitarismus* des nationalstaatlichen Gesamtinteresses. Das leistet einer nahezu vollständigen *Verdrängung* aller emanzipativen, rationalistischen, kosmopolitisch universalistischen und ästhetisch avantgardistischen, kurz aller modernistischen Elemente der Bewegung von Kunst, Literatur und Philosophie zwischen Idealismus und Frühromantik Vorschub. Jene reklamieren die Mandarine dann als »Deutsche Bewegung« für sich, obwohl sie über einen geographischen Sinn hinaus gar nicht »deutsch« war. Schleiermacher beispielsweise wird von den Pädagogen als Heros gefeiert, aber seine an der experimentellen und intellektualistischen Kultur der romantischen Salons orientierte Theorie der Geselligkeit wird von Herman Nohl 1915 mit sicherem Gespür für Artfremdes als französisch dekadent verworfen: »Kein wirkliches Bedürfnis deutscher Art, wie denn auch die deutsche Frau in ihrer echtesten Erscheinung zu einer solchen Leistung nicht bestimmt ist.« Dagegen empfiehlt Nohl Jugendbewegtes als Medizin: »Man meidet Gasthäuser, man kocht und baut.«[81]

Solche Abwehr- und Verdrängungsleistungen gehen mit einer militaristischen *Vermännlichung der Romantik* Hand in Hand, oder besser: im Gleichschritt. Wo die Romantik nicht gleich als verweichlicht, »bodenlos und ohne ernste Wahrheit« (Paul Yorck von Wartenburg) oder gar »kosmopolitisch« (Oswald Brüll) abgeurteilt wird, bleibt von ihr meist nur, was Theodor Körner in seinem »Schwertlied« schon 1813 aus der romantischen Liebe gemacht hatte, die zum Tod:

> »Ja, gutes Schwert, frei bin ich
> Und liebe dich herzinnig,
> als wärst du mir getraut
> als eine liebe Braut.
> Hurra!«

Worauf das Schwert verzückt sagt:

> »Dir hab' ich's ja ergeben,
> mein lichtes Eisenleben.
> Ach, wären wir getraut!
> Wann holst du deine Braut?«

Das verliebte Schwert bekräftigt sein Jawort mit preußischem Liebesgruß:

> »Hurra!«

Den beiden, dem Dichter und dem Schwert, blieben damals, am 26. August, nur noch wenige Stunden, das Schwert blieb als trauernde Witwe auf dem Felde der Ehre zurück. Aber die »martialische Todesmystik von Blut und Eisen, Rose und Stahl, blutigem Röslein und einem Tod als blühendem Leben« ist geblieben, die vermännlichte Romantik hat sich zur »objektiven Neurose« verdinglicht: »als paranoischer Abwehrkampf gegen vorgeblich weibliche Männer, die Gefahren verwirrender Verführerinnen, gegen Weichheit, Luxus und Hingabe, die nicht im Dienst des Großen steht – des Herrschers oder der Sache. Werden die männlichen Herrscher ins Überlebensgroße katapultiert, so werden die wenigen Frauen, die Geschichte gemacht haben, aufs Maß der deutschen Frau zurückgeschraubt, Gattin und Mutter. Im paranoischen System widerfährt nur den ›Bösen‹, den Verführerinnen und Feindinnen die Ehre, zur Überlebensgröße verzerrt zu werden, die ›Guten‹ werden geopfert im Dienst der Sache, als treue Dienerinnen kniehoch gehalten; auf dem Schlachtfeld der Ehre ist ihre Fahne die Mullbinde, die sie untertänigst in die Wunden senken, die ihre Konkurrentin, der blanke Stahl, das ›lichte Eisenleben‹ geschlagen hat.«[82]

Die pathologische Transformation der Philosophie in Deutschland hat ihre sozialstrukturelle Ursache in einer *chronischen Legitimationsschwäche*, in das ein durchgängig *autoritär geführtes*, zwischen »strengem Autoritarismus« und »wohlwollendem Patriarchalismus« (Parsons) wechselndes, aber ganz *modern organisiertes* Gesellschaftssystem nahezu zwangsläufig geraten mußte. Die Legitimationslücke, die zwischen einem immer unverbindlicher werdenden Traditionalismus und einer strukturell unmöglich bleibenden Aufklärungsautonomie klafft, wird – um den Preis demokratischer Verständigungsverhältnisse – durch die pathologische Kompensationsideologie der Mandarine aufgefüllt. Pathologisch ist sie, insofern sie die Mittel einer *geisteswissenschaftlich fortgesetzten Aufklärung gegen das von Westen drohende Gespenst einer Selbstaufklärung der Massen* mobil macht – Mittel, die immer in dem Augenblick, in dem sie als Neotraditionalismus oder neue Mythologie zu wirken beginnen, die rationale Kraft der geisteswissenschaftlichen Aufklärung zerstören.

Das ist *die* Dialektik der Aufklärung, die den Mandarinen als Schrecken vor der Autonomie im Nacken sitzt. Als dann unabweisbar wurde, daß Auschwitz zum Namen dieses Schreckens geworden war, gab Martin Heidegger im Herbst 1946 im Brief »Über den Humanismus« als einer der ersten die neue Parole aus, nun, unter französischer Besatzung, in der gebotenen Diskretion: »Vielleicht verlangt dann die Sprache weit weniger das überstürzte Aussprechen als vielmehr das rechte Schweigen.« (S. 30)

Diskrete Kumpanei

Der Kölner Historiker Andreas Hillgruber nennt das Jahr 1945 eine »weltgeschichtliche Zäsur«. In der Tat: »damals wurde die ›Weltgeschichte Europas‹ durch die Vorherrschaft der Flügelmächte, der Vereinigten Staaten und der Sowjetunion, abgelöst. Das Deutsche Reich gehört wohl definitiv der Vergangenheit an [...] Der deutsche Sonderweg ist 1945 zu Ende gegangen. Das ostelbische Problem ist durch die Sowjetunion radikal gelöst worden. Auch im Westen Deutschlands war der Bruch mit der Vergangenheit sehr viel tiefer als 1918: Ein Vergleich zwischen der Weimarer und der Bonner Machtelite zeigt das zur Genüge.«[83] Obwohl der Weg in einen »humanistisch gezügelten, liberalen Sozialismus« (Thomas Mann), den damals viele der von den Nazis verfolgten oder verjagten Literaten und Intellektuellen zunächst für möglich hielten, schon bald zugunsten eines scharf marktwirtschaftlich-kapitalistischen und antikommunistischen Kurses verlassen wurde; obwohl die Alliierten sich im Sog des »kalten Krieges« bald entschlossen, die »Wirtschaftsführer« und die Konzerne der Nazis ebenso zu schonen wie Ärzte, Juristen und Verwaltungskader und keine spontane Revolte rächender Gewalten gegen die ja auch unter vielen Deutschen verhaßten Blockwarte und Marinerichter losbrach, gelang es nach 1945 trotzdem, den *institutionellen Kern* des westdeutschen Staates *erfolgreich und dauerhaft zu demokratisieren*.

Der Demokratisierungsschub konnte freilich in den ersten 15 Jahren der Bundesrepublik auf den parlamentarischen Kernbereich eingegrenzt werden, der im »CDU-Staat« Adenauers streng unter der Kontrolle eines »wohlwollenden Patriarchalismus« blieb. Preis der Demokratisierung war eine *konservativ geprägte politische Kultur*. Hier konnten sich die *Kontinuitäten* der deutschen Geschichte fortsetzen und ideologisch eingraben.

Das reicht von den »Schmutz- und Schundgesetzen« gleich aus den ersten Tagen der Republik, die dann, unter dem Druck des öffentlichen Protests, zur Verabschiedung in ein »Gesetz über den Vertrieb jugendgefährdender Schriften« umgetauft werden mußten, bis zur offenen Feindseligkeit gegen Intellektuelle und ehemalige Emigranten. Um nur eines der zahllosen Beispiele zu nennen: Während der Haushaltsdebatte des Bundestages vergleicht der damalige Außenminister v. Brentano 1957 Brechts späte Lyrik mit der des Nazi-Dichters Horst Wessel. Viel aufschlußreicher für das kulturelle Klima der Republik ist aber das Argument, mit dem Brechts westdeutscher Verleger Peter Suhrkamp seinen Autor verteidigt. Er sieht sich genötigt, Brecht eine angeblich »auffällige nationale Gesinnung« zu unterschieben, die ihn schon während der Emigration von »den prominenten deutschen Emigranten« »überall isoliert« habe. Anders als der damit vor allem gemeinte Thomas Mann sei Brecht »im Exil jeden Moment bereit« gewesen, »in sein Vaterland zurückzukehren«.[84] Zwar gab es nach 1945 keine Dolchstoßlegende, aber die Namen der Widerstandskämpfer des 20. Juli erschienen in den Provinzstädten des Landes erst Ende der sechziger, Anfang der siebziger Jahre auf den Straßenschildern der Neubausiedlungen. Kommunistischer und sozialdemokratischer Widerstand blieb ohnehin tabu. So erinnert sich Wolfgang Abendroth: »Sich öffentlich zu einem unkonformistischen Widerstandskämpfer zu bekennen, war damals selbst der Widerstandskämpfer an der Spitze der IG Metall, Otto Brenner, objektiv – das ist kein Vorwurf – nicht mehr in der Lage – [...] Aber das war nicht nur bei den Gewerkschaften so, das durchzog die ganze Bundesrepublik: Wenn du linker Widerstandskämpfer gewesen bist, hattest du nach 1945 kaum eine Chance, einen Lehrstuhl zu bekommen.«[85] Die ideologische Hegemonie einer konservativen Kultur manifestiert sich in der Kommunistenjagd der fünfziger Jahre ebenso wie in der Ausrufung der »Formierten Gesellschaft«

durch den Nachfolger Adenauers im nächsten Jahrzehnt, im nie verstummenden Ruf nach der Todesstrafe ebenso wie in der den Alltag der Neubausiedlungen erdrückenden, kleinlichen und aggressiven Abwehr alles von der Norm Abweichenden. Erst in der »Spiegel«-Affäre der frühen sechziger Jahre wird offenbar, daß die alte Hegemonie längst brüchig geworden ist und eine Politik staatsstreichartiger Affären nach dem Vorbild Weimarer Machteliten nicht mehr greift.

Zunächst jedoch glich der Wechsel von Hitler zu Adenauer ganz einem aus der deutschen Geschichte wohlbekannten Muster, das Talcott Parsons einmal als Umschlagen von »zynischer Machtpolitik« und »strengem Autoritarismus« in einen »wohlwollenden Patriarchalismus« beschrieben hat. Das mußte die westdeutschen Intellektuellen beunruhigen, denn zu den Kontinuitäten der deutschen Geschichte gehörte immer auch der Rückschlag in die *andere* Richtung.

Was aber die häufig aus der Emigration und den KZs zurückgekehrten Intellektuellen so sehr erregte, zum Protest und zum Appell trieb, war die Tatsache, daß das kulturelle Muster des wohlwollenden Patriarchalismus sich sofort als eines des *Wohlwollens gegen die alten Nazis*, derer die Alliierten nicht habhaft werden konnten oder wollten, erwies. Ein symptomatisches Beispiel ist der Fall Harlan. Veit Harlan war der Regisseur des berüchtigten antisemitischen Films »Jud Süß«. Vor ein bundesdeutsches Gericht gestellt, wurde er freigesprochen und konnte am 25. Januar 1952 seinen ersten Nachkriegsfilm in den deutschen Kinos zeigen. Die Demonstrationen in Göttingen und Freiburg verliefen blutig, da Teile der Bevölkerung die Demonstranten als »Judenlümmel« bezeichneten und »Niederknüppeln, Aufhängen« forderten. Die folgenden Prozesse endeten wie das Hornberger Schießen. Der »Offene Brief«, den Erich Kästner in diesem Zusammenhang an Freiburger Studenten, die in die Demonstrationen verwickelt waren, richtete, zeigt exemplarisch Stoßrichtung und Pathos des *intellektuellen Protestes*. Er nimmt die »echte« gegen eine »nur formale Demokratie«

in Anspruch, um im Namen der demokratischen Substanz eine soziale Pathologie zu diagnostizieren und an den gemeinsamen Gerechtigkeitssinn gegen ein gesprochenes Recht *öffentlich* zu *appellieren*. Zugleich belegt das Beispiel die *Vermittlungsrolle* des intellektuellen Protests, indem es kognitive Diagnosen (über die »ganz und gar nicht gesunde Bundesrepublik«) und historische Vergleiche (mit der Weimarer Republik), die unter den jeweiligen *Experten* ja durchaus strittig sein können, mit universellen normativen Ansprüchen (»Menschlichkeit«) zum öffentlichen Appell *zusammenzieht*:

»Wenn die Anhänger der echten und insofern die Gegner einer nur formalen Demokratie nicht scharf aufpassen, wird die noch sehr junge und ganz und gar nicht gesunde Bundesrepublik solange mit dem Schwert der Gerechtigkeit herumfuchteln, bis sie auf diese Weise, obzwar versehentlich, Selbstmord begeht. Das Weimarer Harakiri dürfte noch in bester Erinnerung sein.

Das Hamburger Gericht sprach Herrn Harlan frei. Nicht einmal zu einem befristeten Berufsverbot reichte das ›objektive‹ Finden des Rechts aus. Also waren die Filmproduktion und der Filmverleih im Recht, Herrn Harlan umgehend zu beschäftigen. Also sind die Kinobesitzer im Recht, seine Filme vorzuführen. Also ist die Polizei im Recht, gegen Demonstranten einzuschreiten. Also sind die einzigen Menschen, die im Unrecht sind, diejenigen, die ihr Gewissen aufruft, im Namen der Menschlichkeit gegen eine derartige Gerechtigkeit und ihre sichtbaren, wie unabsehbaren Folgen zu protestieren.

Wäre der Fall Harlan ein Einzelfall, ginge es noch eben an. Aber er ist ein Symptom.«

In den fünfziger Jahren sind in Westdeutschland die Bedingungen für konservative Strategien günstig. Unter der Obhut des wohlwollenden Patriarchalismus festigt sich noch einmal die kulturelle Hegemonie der Mandarine. Deren Gestalt freilich hat sich gewandelt. Sie gehen gebückter, das Pathos idealistischer Fanfarenstöße ist einem gedämpften Existentialismus gewichen. Heideggers Mahnung zu »rechtem Schweigen« wird strikt befolgt und, wo möglich, auf das, was man lesen könnte, ausgedehnt. Als wir 1967 alte Zeitschriften in der Institutsbibliothek nach Aufsätzen durchstöbern, die unsere Germanistikprofessoren in den 12 Jahren zwischen 1933 und 1945 geschrieben haben, finden wir nichts. Dort, wo das Inhaltsverzeichnis einen Aufsatz nachweist, sind fein säuberlich die entsprechenden Seiten herausgeschnitten. Nachdem die vorlaufende Entschlossenheit der dreißiger Jahre ganz unmetaphorisch im millionenfachen Tod mündete, hat sich der Mandarin auf die alte Position »machtgeschützter Innerlichkeit« (Th. Mann) zurückgezogen und ist, vorzugsweise in den Fällen, in denen er sich allzu sehr und allzu lange mit den Nazis eingelassen hatte, im Gegenzug oft fromm geworden. Die deutscheste unter den Geisteswissenschaften, die Germanistik, steht von Emil Staiger über Wolfgang Kayser bis Benno von Wiese nun ganz im Zeichen der werkimmanenten Interpretation. Die Professoren besinnen sich der zeitenthobenen Werte des Mandarinentums, des Kulturstaats und des christlich-abendländischen Erbes, überhaupt des »Heilen« und hoffen, es habe die Barbarei unbeschadet überdauert, nachdem so viel mit Heil und Sieg kaputtgegangen ist. »Man hört oft sagen, daß die Kunst erst wieder in Ordnung kommen könne«, sinniert Hans Sedlmayr über die Krise der modernen Kunst 1955, »wenn die Gesellschaft, und diese erst, wenn die Tafel der Werte wieder in Ordnung sein werde: und das ist gewiß richtig.«[86] Nicht immer findet der Mandarin sich mit dem Parlamentarismus ab. Die Demokratie bleibt ihm eine unausgegorene Idee, der stets etwas Flaches, Schwärmerisches und Weltfremdes anhaften wird. Aber in irgendeiner Form muß fast jeder Zugeständnisse an die einst verhaßte moderne Zivilisation machen. Da heißt es auch für Hans Freyer, von der alten, seinerzeit ganz berechtigten »Kulturkritik, dieser großen geistigen Widerstandsbewegung«, Abschied nehmen. Die Schemata von »Kultur« und »Zivilisation«, »Technik« und »Seele«, »Masse« und »Mensch«, für die Freyer en passant noch schnell den Ehrentitel des Widerstands einheimst, »wird man heute (1959 – H.B.) als überholt empfinden müssen. Moderne Kulturkritik muß von der Erkenntnis ausgehen, daß die Industriekultur ein System eigener Gesetzlichkeit ist und daß sie zur Lebensform der ganzen Erde zu werden im Begriffe ist.«[87]

Seltener und moderater tritt der Mandarin in diesen Jahren öffentlich als Kulturkritiker hervor und wenn, setzt er ganz auf die »Mitte« (s. o. S. 23 f.), deren Verlust er beklagt. Der Titel von Hans Sedlmayrs 1948 erschienenem Buch »Verlust der Mitte« wurde so populär, daß er bald in Büchmanns »Geflügelte Worte« aufgenommen werden konnte. »Verlust der Mitte aber bedeutet«, so definiert es Julius Drechsler, Ordinarius für Pädagogik und Erziehungsphilosophie an der Universität Köln, »Veräußerlichung, Verrohung, Verhärtung, damit im letzten aber auch Verlust des Menschlichen, des Inneren und Innerlichen.« Dagegen ist »echte Erziehung« von der Sorge um die »heile Welt« getragen, mit Otto Friedrich Bollnow nimmt sie im Namen »einfacher Sittlichkeit« und »neuer Geborgenheit« den »Kampf gegen Zersetzung« wieder auf, um »Geduld, Gelassenheit, [...] Vertrauen, Zuversicht und Mut [...] Treue und Zuverlässigkeit [...] Gewöhnung, Einwurzelung und Verwurzelung« und last not least »die Kraft des Tragens und Ertragens« ins kindliche Gemüt zu pflanzen. Julius Drechsler hat die autoritäre Botschaft aus der assoziativen Existentialanalyse des »Hörens« und »Horchens« in »Sein und Zeit« wohl verstanden und deren Erbe über die große Zeit hinaus für die kleinere der Gegenwart bewahrt: »Das Mitmenschliche tritt am unmittelbarsten in Erscheinung in Zugehörigkeit und Angehörigkeit. [...] Angehörigsein aber schließt aus dem Element des Hörens, des Hörenkönnens und des Hörenmüssens ebenso auch die Notwendigkeit des Gehorchens, des Gehorsams in sich ein. Gehorsam wurzelt also im Hörenkönnen, in der Fähigkeit, sich etwas sagen zu lassen, im Sich-Fügen, Einfügen und Unterordnen.« Dieser ganz »logosvergessene« (Apel), jeden Intellekt übersteigende, notwendig zwingende Schluß von Hören auf Gehorsam ist vermutlich die autoritärste Analyse des zwischenmenschlichen Sprachgebrauchs, die man sich überhaupt vorstellen kann, und sie ist, von dem ganzen pathetischen Antiinstrumentalismus nur mühsam verborgen, vollkommen instrumentell in der Reduktion auf Befehl und Gehorsam. Die Mandarin-Literatur der fünfziger Jahre ist voll vom »Bewußtsein eines gemeinsamen Wurzelgrundes und Untergrundes, in Heimat, Familie, Volk, Religion, Glaube, Muttersprache. In der Zusammengehörigkeit liegt das Element der Geborgenheit, der Eingeordnetheit und Eingegliedertheit und damit das Bewußtsein einer wechselseitigen Verbundenheit. In Zusammengehörigkeit wird die Kraft von Mitte erfahren, von Mitte einer verbindenden, durchwirkenden und erfüllenden Welt.«[88] Der ganze Witz der Analyse läßt sich leicht mit Heideggerschen Mitteln entbergen: Zusammenge-Hörigkeit.

Treffend hat Joachim Ritter Heidegger den Oswald Spengler der zweiten Nachkriegszeit genannt – freilich nur, um seine eigene, fortschrittlichere, an Hegel geschulte, die theoretischen Sackgassen von philosophischer Anthropologie und Ontologie meidende Version von neuaristotelischer »Mitte« für den Marsch des Mandarins in jene der neuen Republik flottzumachen. Auch hier ist es immer wieder erstaunlich, wie weit man mit den doch recht primitiven ideologiekritischen Mitteln einer schlichten marxistischen Klassenanalyse kommt. Ritters Grundidee ist nämlich die: Die Gesellschaft gliedert sich nach dem alten Aristoteles in »Reichtum« und »Armut«, »Besitzende«, die nach der Herrschaft der »Oligarchie« und »wenig Besitzende und Besitzlose«, die nach der Massenherrschaft der »Demokratie« streben. Ein solcher Klassenkampf wäre natürlich für die Gesellschaft verheerend, die »politische Ordnung« bliebe

»ohne Festigkeit und dem Umsturz ausgesetzt, wenn sich in einer Polis Reiche und Arme ohne Vermittlung gegenüberstehen«. Stabilitätsfaktor ist in bester aristotelischer Tradition »eine starke Mitte der Bürger«.[89]

Wer ist das? – Bei Aristoteles war das ein »starker Mittelstand«, dazu da, die »gesellschaftlichen Extreme, Reichtum und Armut«, Oligarchie und Demokratie »zu vermitteln« (Ritter), im alten Athen dürfte der Adressat die neue Klasse der Überseehandel treibenden Bürger gewesen sein. Obschon diese Deutung ganz gut zur Mittelstandsideologie der fünfziger Jahre und zu dem damals auch von Soziologen favorisierten Zwiebelmodell der Gesellschaft paßt, drängt Ritter sie in die Fußnoten ab. Er hat einen anderen Adressaten für die alles tragende und vermittelnde Mitte im Auge. Die Mitte des Mittelstandes ist »der Gebildete, der den Blick für das Ganze hat«, mit andern Worten: für die »tragfähige Mitte zwischen reich und arm«, zwischen Aristokratie und Demokratie bietet sich von neuem der alte Mandarin mit Geist und Geisteswissenschaft an, inmitten einer affirmativen Kultur-Landschaft mit englischen Gärten, Museen, Trachten und alten Häusern.[90] »Mitte« ist in dieser Aristotelesdeutung, die ebenso geschickt wie originell immer wieder Hegelsche Kategorien der »Vermittlung«, der aufhebenden Entwicklung, der »Entzweiung«, der »Substanz als Subjekt« und natürlich der »Bildung« in Aristoteles hineinliest, der »aristotelische Konsens« der wenigen Gebildeten, der sich scharf von dem »modernen« der Masse, der »kunstlosen Laien« und des »Mannes auf der Straße« abhebt. »Zuständigkeit in den allgemeinen Dingen« ist dem Konsens der Gebildeten reserviert, dessen Wort mit Aristoteles da gilt, »wo es um die Dinge des menschlichen Lebens auf eine ernste und substantielle Weise geht«.[90a]

Wie einst der Philosoph »das Wissen um die vernünftige und sittliche Substanz von Staat und Gesellschaft« »aus dem geschichtlichen Untergang« der Polis glaubte retten zu können, so steht nach dem des Deutschen Reiches – das ist die latente politische Botschaft von Ritters Aristotelesinterpretation – der Mandarin bereit, vom deutschen Geist zu retten, was zu retten ist. Der Mandarin, nun wieder neue Mitte, soll mit den Mitteln der geisteswissenschaftlichen »Nachaufklärung« (H. Lübbe) die Substanz der Herkunftsmächte »hüten« und über die Tugenden wachen, weil er als der »Gebildete« am besten um das »Tun des Rechten« weiß, um »Gediegenheit, Verantwortung, Verläßlichkeit und die Fähigkeit zu rechter Entscheidung und zum rechten Handeln«, die »Gerechtigkeit, Besonnenheit, Tapferkeit, Frömmigkeit zur vollen Wirkung« im Gemeinwesen bringen. Jetzt wird die neue Aufgabe des Mandarins erkennbar: Er soll die »Legitimitätskrise« »des Ethischen und Politischen«, der »Sitten und Institutionen« (Ritter) lösen, indem er »Brauch« und »Sitte« von neuem begründet und die Verbindlichkeit der Institutionen für die ungebildeten Massen aufzeigt. Was in der Deutung der Klassiker Aristoteles und Hegel, die Ritter ganz ineinander verschachtelt, um die Mitte des einen im endlosen Strom der Vermittlung des andern in Bewegung zu halten und den Strom der Vermittlungen nicht über die Ufer des mittleren Maßes treten zu lassen, latent bleibt, ist die politische Botschaft, die in den Publikationen der frühen sechziger Jahre über »Die Aufgabe der Geisteswissenschaften in der modernen Gesellschaft« und »Landschaft – Zur Funktion des Ästhetischen in der modernen Gesellschaft« manifest wird: Geisteswissenschaften und affirmative Kultur sind nun die Mächte, um die »Abstraktheit und Geschichtslosigkeit« des »Fortschritts im Bewußtsein der Freiheit« traditionsgründend und -festigend zu »korrigieren« und »auszugleichen«, die verobjektivierende Denaturierung der Natur in Technik und Industrie im ästhetischen Bilde der einen Natur als Landschaft zu verklären und zu kompensieren. Ritter akzeptiert nun vorbehaltlos den durch 1789 dramatisch symbolisierten Fortschritt zur modernen »bürgerlichen Gesellschaft« – in einer Hegelinterpretation, die ihrerseits der neomarxistischen Hegelrezeption der vierziger

Jahre, besonders Lukács' »Der junge Hegel« und Marcuses »Reason and Revolution«, den Ritter selbst auch immer wieder bekräftigend für sich in Anschlag bringt, viel verdankt. In der Frage nach der Dialektik der bürgerlichen Gesellschaft, die von der Erfahrung der Opfer jener ursprünglichen Akkumulation des Kapitals und der imperialen Macht der Verdinglichung ausgeht, trennt sich Ritters Weg von dem der Hegelmarxisten und er schwenkt auf die ausgetretenen Pfade der Professoren-Mandarine ein, indem er die Dialektik der materiellen Basis in den Bereich der Kultur verschiebt. Verursacht wird diese negative Dialektik durch die Hypertrophie von moderner Kunst, Wissenschaft und Aufklärung, also im Gefolge einer *intellektualistischen Fehlentwicklung, Vereinseitigung und Verformung* von *Geist* und *Kultur*. Die *Institutionen von 1789* sind in Ordnung, irreversibel und ein echter Fortschritt (ob mit oder ohne Parlamentarismus läßt Ritter, der über Hegels Rechtsphilosophie nicht hinausgeht, freilich offen) – alles Übel rührt von den *Ideen von 1789* her. Ihnen gilt es, mit Hilfe von Geisteswissenschaft und konservativer Ästhetik enge Grenzen zu ziehen.

Aus der sozialen Lage des Mandarins nach 1945 ist das eine in der Tat »realistische« Kurskorrektur, mit der er die Konsequenzen aus der Tatsache zieht, daß, wenn sie je bestanden haben sollte, eine privilegierte Teilhabe der Mandarine an der politisch-bürokratischen Herrschaft ebenso aussichtslos geworden ist wie ein Vorrang der humanistisch Gebildeten innerhalb der technisch-wissenschaftlichen »Funktionseliten«. Das unterscheidet Ritter von Figuren wie Gehlen oder Heidegger, die eher kompromißunfähig waren und deren »Weltbild« auch nach 1945, so darf man das hartnäckige »rechte Schweigen« Heideggers wohl deuten, dem der Faschisten treu geblieben ist. Sie mochten lieber auf archaische Institutionen oder einen kommenden Retter im Ursprung hoffen als mit Ritter auf »das, was ist«. Leider hat auch dieser die Rechnung ohne die Intellektuellen gemacht. Immerhin legen seine geduldigen Textinterpretationen den Grundstein für eine *funktionalistische Revision der geisteswissenschaftlichen Ideologie des Mandarinentums*. Ohne sie, an der auch Gehlens Anthropologie der »Entlastung« und Kompensation des Schreckens vor der Autonomie durch Schrecken erregende Institutionen einen anders gearteten, aber erheblichen, bis in die funktionalistische Soziologie einflußreichen Anteil genommen hat, wäre die hegemoniale Kraft der Mandarinenkultur schneller erlahmt.

Alles in allem ist es fast wie bei Marx. Nach einem grundlegenden Wandel in den Fundamenten, diesmal vor allem in der Zusammensetzung der herrschenden Klassen und in der staatlichen Organisationsform, »wälzt sich der ganze ungeheure Überbau langsamer oder rascher um«. Und manchmal ist der Überbau eine sehr zähe und klebrige Masse, was seine Umwälzgeschwindigkeit erheblich verlangsamt. So war es in Deutschland nach dem Krieg. Um den Preis seiner politischen Teilhabe an der Macht blieb die Ideologie des Mandarinentums weitere zwanzig Jahre die symbolische Macht *kultureller Hegemonie*.

Nachdem die längst brüchig gewordene Hegemonie in den Stürmen der »Kulturrevolution« verweht war, aufgescheucht von den Bildungsreformen, traten in den siebziger Jahren die Erben der Mandarine aus den Winkeln der »Gelehrtenrepublik« hervor, um ins politische Leben zurückzukehren; das Gespenst des Mandarins hatte sich längst verflüchtigt. Die politisierenden Geisteswissenschaftler tauchten, als die Tendenz umschlug, im frischgewaschenen Kostüm des *neokonservativen Gegenintellektuellen* auf.

Aus *dessen* Perspektive hat der Philosoph Hermann Lübbe, ein Schüler Ritters, die intellektuell markanteste Figur und der Scharfsinnigste unter den deutschen Neokonservativen, erst kürzlich eine militante Apologetik der Nachkriegshegemonie entwickelt und das eigentliche »Geheimnis« ihres Erfolgs ausgeplaudert. Es ist ein eigentümlicher *historischer Kompromiß*, der sich von dem mittlerweile klassischen der italienischen Kommunisten dadurch unterscheidet, daß er *erstens* weder ein sozialer zwischen entgegengesetzten Klasseninteressen noch ein politischer zwischen oppositionellen Parteien ist, sondern ein *kultureller* Kompromiß, und er ist *zweitens* kein Kompromiß zwischen Oppositionen innerhalb eines antifaschistischen Kontextes, der sich – wie in Italien – einer gemeinsamen antifaschistischen Vergangenheit verdankt. Es ist vielmehr ein historischer Kompromiß *zwischen faschistischer Vergangenheit und demokratischer Gegenwart,* zwischen alten Nazis und Nazigegnern, der das kulturelle Klima der Nachkriegszeit bestimmt und der erst die Langlebigkeit, gar die Kraft zur Erneuerung der konservativen Hegemonie über die verdrängten intellektuellen Traditionen erklärt.

Lübbes Apologetik gebührt das Verdienst, den Sachverhalt aus einer distanzierten Beobachterperspektive präzise beschrieben und in treffenden Formeln so auf den Begriff gebracht zu haben, daß der beabsichtigte verklärende Effekt nicht schon ihren deskriptiven Gehalt verzerrt. Fast ist es, als ginge von ihnen eine befreiende, aufklärende Wirkung aus, die dem erklärten Zweck der Rede, eine positive Neubewertung des historischen Kompromisses der Nachkriegszeit durchzusetzen, eigentümlich zuwiderläuft.

Was den Redner, der seine Thesen in Berlin auf einer Internationalen Konferenz anläßlich des 50. Jahrestages der nationalsozialistischen Machtergreifung im Januar 1983 entwickelt, an dem alten historischen Kompromiß so fasziniert, ist genau seine hegemoniale Kraft. Er nennt sie die politisch »integrativ« wirkende Form »der Auseinandersetzung mit dem Nationalsozialismus«.[91] Damit meint Lübbe »Verhältnisse nicht-symmetrischer Diskretion« zwischen ehemaligen Tätern und ihren überlebenden Opfern. Sein Lob gilt gerade dem, was die Intellektuellen immer angeklagt haben: »Die gewisse Zurückhaltung in der öffentlichen Thematisierung individueller oder auch institutioneller Nazi-Vergangenheiten.« In der »Stille« des wohlwollenden Patriarchalismus oder, wie Lübbe sich ausdrückt, »im Schutz öffentlich wiederhergestellter normativer Normalität«, verwandelte sich »unsere Nachkriegsbevölkerung in die Bürgerschaft der Bundesrepublik Deutschland«. Solch eine Verwandlung vollzog sich im Medium »dieser gewissen Stille«, die Deutschlands Neokonservative heute allerorten volltönend als »antitotalitären, prodemokratischen Konsens in der deutschen Intelligenz« der Nachkriegszeit verherrlichen.[92] Lübbe tritt aus dem verklärenden Nebel solcher Verherrlichung heraus und nennt die Dinge beim Namen.

»Pedell und Professor hatten doch, sogar als Funktionäre, derselben NSDAP-Ortsgruppe angehört, und sie wußten es voneinander. Der als Widerständler aus Flucht und Untergrund remigrierte Professoren-Kollege wußte es auch und die Studenten, die sich 1945 noch im Pimpfenalter befunden hatten, desgleichen. Wie ging man nun miteinander um?

Wer sich die Antwort auf diese Frage geben kann, hat das Wichtigste an der Gegenwart des Nationalsozialismus in der frühen deutschen Nachkriegsöffentlichkeit verstanden. Die Rechtfertigung und Verteidigung des Nationalsozialismus wurde niemandem zugebilligt. Daß der Widerständler gegen seinen Ex-Nazi-Kollegen recht behalten hatte, war gleichfalls öffentlich nicht bestreitbar, und wieso der Kollege einst Nationalsozialist geworden war – das war, nach seinen respektablen oder auch weniger respektablen Gründen, keinem der Beteiligten einschließlich der studentischen Ex-Pimpfe ein Rätsel. Eben deswegen wäre es auch ganz müßig gewesen, dieses Nicht-Rätsel als Frage universitätsöffentlich aufzuwerfen. [...] Der im Widerstand bewährte Kollege wurde Rektor. Um so mehr verstand es sich, daß er seinem sich in gebotener Weise zurückhaltenden Ex-Nazi-Kollegen gegenüber darauf verzichtete, die Situation, die sich aus der Differenz ihrer politischen Biographien ergab, in besonderer Weise hervorzukehren oder gar auszunutzen. Kurz: Es entwickelten sich Verhältnisse nicht-symmetrischer Diskretion. In dieser Diskretion vollzog sich der Wiederaufbau der Institution, der man gemeinsam verbunden war, und nach zehn

Jahren war nichts vergessen, aber einiges schließlich ausgeheilt.«[92a]

In dieser Beschreibung Lübbes ist die *Sozialpathologie* des historischen Kompromisses mit Händen zu greifen. Wenn es noch eines Paradigmas, eines Kuhnschen Lehrbuchbeispiels für Formen autoritär entstellter und herrschaftlich verzerrter Kommunikation bedurft hätte, dann wäre es diese Beschreibung von »Verhältnissen nicht-symmetrischer Diskretion«. Lübbe findet sogar die treffende Formel, die die Pathologie auf den Begriff bringt: *»kommunikatives Beschweigen«* der »braunen Biographieanteile«.

Aber Lübbe, dem es vorzüglich gelingt, die damaligen Verhältnisse aus der *Beobachterperspektive* deskriptiv zu vergegenwärtigen, *muß* sich in dem Moment, in dem er sie verläßt, um sich der *»orientierungspraktischen«* Perspektive einer Apologie jenes historischen Kompromisses zuzuwenden, gegen die *Erfahrung* der Verhältnisse *als* Pathologie sperren. Denn, um die »desintegrativ wirkenden Formen« »intellektuell« zersetzender Kritik auch effektiv zu *denunzieren*, muß die gegenintellektuelle Denunziation den argumentativen Schein wahren, auf den der Redner sich mit der Form des begründenden Vortrags nun einmal eingelassen hat. Deshalb muß Lübbe versuchen, die politisch im Sinne der Demokratie wirksame *Überlegenheit* der »altbundesrepublikanischen Integrationsform« zu *beweisen*. Er muß seinen Hörern und Lesern *plausibel* machen, daß die Verwandlung der Nazivergangenheit in demokratische Gegenwart auf dem Wege taktvoll-geräuschloser Diskretion, daß die Integration der alten Nazis in die neue Republik im Medium des »kommunikativen Beschweigens brauner Biographieanteile« tatsächlich *gelungen ist* und überhaupt *gelingen konnte*.

Doch ausgerechnet dieser Versuch scheitert an einer hochsignifikanten *Fehlleistung* des Philosophen. Um seine Apologie zu plausibilisieren, sieht er sich zu der Behauptung genötigt, es sei im Medium des »kommunikativen Beschweigens« gelungen, die *Subjekte* der je »individuellen oder auch institutionellen Nazi-Vergangenheiten« von diesen, *ihren eigenen Vergangenheiten* zu *trennen* und *abzuspalten* und so »zwar nicht diese Vergangenheiten, aber doch ihre Subjekte in den neuen Staat zu integrieren«.

Das nun ist eine These, die aus dem Munde eines geisteswissenschaftlich erzogenen, auf die politische Botschaft der Geisteswissenschaften eingeschworenen, konservativen deutschen Philosophen vollkommen absurd klingt und ebenso absurd, nämlich *selbstwidersprüchlich,* ist. Wenn nämlich dem ganzen geisteswissenschaftlich geprägten Konservatismus der Mandarine und ihrer neokonservativen Erben je ein ernsthafter philosophischer Gedanke eigentümlich war, dann war es die hermeneutische Einsicht, daß es *Subjekte ohne Vergangenheit* nicht geben kann, eine *Identität ohne Vergangenheit* eine *pathologische* Identität ist und daß eine *Integration, die Subjekte ohne eigene Geschichte integriert,* scheinhaft bleiben und schließlich zerfallen muß, am Ende immer nur »*desintegrativ wirksam*« sein kann.

Natürlich weiß Lübbe das, und er hat sich nie gescheut, diesen – an sich tiefen und wahren – Gedanken für Zwecke der Intellektuellenhatz zu politisieren. Das ist es ja, was er den linken Intellektuellen ständig vorgeworfen hat, daß, wer mit geschichtslosem und vergangenheitsfreiem, herkunftsneutralem und traditionsvergessenem Moralismus, mit Idealen herrschaftsfreier Kommunikation anfängt, regelmäßig im Terrorismus endet. Auch in dem hier zitierten Vortrag beschwört Lübbe, wenn es ihm politisch zupaß kommt, »Herkunftsbestände« und die »traditionellen Gehalte der eigenen Kultur« und natürlich deren identitätsbildende Kraft und integrative Wirksamkeit. So behauptet er in ein und demselben Text die integrative Wirksamkeit und Unwirksamkeit von Vergangenheiten, von denen er weiß, daß wir sie uns nicht einfach aussuchen können, daß sie uns »vorgegeben« sind.

Die Fehlleistung, die den gewitzten Philosophen verführt, dort, wo das Argument die ganze These tragen soll, blind in einen Widerspruch sich zu verstricken, macht den Philosophen selbst zum Fall jener Pathologie, deren Nicht-Existenz das Argument beweisen sollte: zur Spätfolge eines durch *Verdrängung* der Nazivergangenheit pathologisierten historischen Kompromisses mit derselben.

Zur kulturellen Hegemonialmacht wird dieser Kompromiß im *Totalitarismusschema* der fünfziger Jahre, das für die alten deutschen Mandarine um so schmeichelhafter war, je mehr sie mit den Nazis paktiert hatten. Nach der antikommunistischen Umpolung der antifaschistischen Frontverläufe des Weltkriegs mochte es ihnen so erscheinen, als hätten sie eigentlich schon immer auf der richtigen Seite gestanden. Jedenfalls konnten sie, in aller Stille und diskret, Hitlers Rußlandfeldzug die respektable Seite einer Verteidigung des freien Westens abgewinnen. Das wiederum unterscheidet die im Geist des Mandarinentums sozialisierten, antikommunistischen Ideologen Westdeutschlands von den westlichen Antikommunisten, die auch schon vor 1945 Liberale waren. Das hierzulande besonders dumpfe antikommunistische Ressentiment, das bis 1945 fast ausnahmslos mit dem antisemitischen identisch war, ist in der Debatte um die Bitburger SS-Gräber zu Recht *»Verdrängungsantikommunismus«* genannt worden.

Als 1985 konservative Politiker versucht haben, das Apologie-Programm der politisierenden Geisteswissenschaftler in Bitburg in die Tat umzusetzen, war das Gespenst des Mandarins in dem Versuch gegenwärtig, die in den deutschen Provinzen längst zerfallene *kulturelle* Hegemonie im Medium *symbolischer Weltpolitik* und den historischen Kompromiß mit der Vergangenheit im Natomaßstab zu erneuern. Das Groteske der Situation enthüllte im Augenblick des Händedrucks der Generalsveteranen den Wiederholungszwang: symbolische Weltpolitik aus dem provinziellen Geist des deutschen Kulturstaats. So war es bereits, als die Gegenintellektuellen noch Mandarine und die Kanzler die Kaiser waren. Dieser Versuch jedenfalls, die Apologie der Nachkriegsidylle mit einem Handstreich zum großen Ideologieputsch zu machen, ist in Bitburg vorerst kläglich gescheitert.

Das läßt sich erklären. Denn die *innere* Schwäche der Apologie, ihr Selbstwiderspruch, wiederholt nur die des alten affirmativen Bündnisses, das in *mehr* als einer Hinsicht »nicht-symmetrisch« war. Ohne diese innere Schwäche hätte die vorgeblich so zersetzende intellektuelle Kritik wenig ausrichten können, als es in den sechziger Jahren mit der kulturellen Hegemonie der Mandarine so schnell zu Ende ging. Der Name der Schwäche ist *Verdrängung*. Das, was der Apologet in seiner Rede ausblendet, verschiebt der Verdrängungsantikommunismus nach außen. Nach Abzug der Projektion offenbart der Kompromiß, der das Ganze trägt, seine verhärtete Einseitigkeit. Er streift den zustimmungsfähigen Schein von Fairneß und Legitimität ab, um seine wahre Maske, die der erpreßten Versöhnung, zu zeigen. Lübbe plaudert übrigens auch dies »Geheimnis« noch aus, wenn er uns – sicher ist sicher – die »Geschichte der Bundesrepublik« gar nicht erst als »zustimmungsfähige«, sondern lieber gleich als »zustimmungspflichtige« ansinnen möchte.

Integrativ wirksam und zustimmungsfähig war die antikommunistische Nachkriegshegemonie nämlich immer nur für die *eine* Seite des historischen Kompromisses: die alten Nazis und ihre professoralen Mitläufer. Der anderen Seite, die »aus Flucht und Untergrund remigriert« war, wurde die Zustimmung diskret und in aller Stille abgepreßt – um den Preis der Akzeptanz ihrer Rolle beim »Wiederaufbau der Institution, der man gemeinsam verbunden war«. Zugemutet wird ihnen, *nach* den zwölf Jahren, die Kontinuität einer Gemeinsamkeit, die schon im Status quo ante ideologisch und – wie sich spätestens im ersten der zwölf Jahre zeigte – eine auf Abruf war. Dies unterschlägt Lübbes Apologie und fällt der Verdrängung anheim: der Zynismus im Ansinnen »nicht-symmetrischer Diskretion«. Einer von denen, an die Lübbe gedacht haben mag, als er die Rolle der Remigranten im Nachkriegskompromiß beschrieb, war der damalige Rektor der Frankfurter Universität, der aus dem amerikanischen Exil zurückgekehrte Max Horkheimer. Seine bitteren Selbstzweifel an dem Spiel, das der einst Verjagte mitzuspielen sich genötigt sah, bestätigen den deskriptiven Gehalt von Lübbes Darstellung. Aber sie dokumentieren auch, welche *Erfahrungen* in einer *affirmativ renovierten Kultur* systematisch *ausgeblendet* werden müssen. Sie erweisen den »Gemeinsinn« (Lübbe) des »kommunikativen Beschweigens« als Gemeinsamkeit puren Scheins, hinter dem sich nichts verbirgt als die diskrete Kumpanei der Mandarine, die die zwölf Jahre im Land geblieben sind und sich an der Brust der Täter redlich genährt haben. Schon der Titel, den Horkheimer seiner Notiz aus den Jahren 1961/62 voranstellt, liest sich wie eine vorgreifende Antwort auf Lübbes Apologie:

»Täuschung – Daß in Deutschland der Nationalsozialismus zur Herrschaft kam, ist erklärbar, wenn auch das, was er getan hat, unfaßbar ist. Der Jude, der zurückkam, um zu helfen, daß es nicht wieder geschieht, ist ein Tor, der manchen Deutschen, die gegen den Schrecken ihr Leben gaben, die Treue hielt. Daß er jedoch dableibt, nachdem er wahrnimmt, wie das Nachkriegsdeutschland auf den Leichenbergen bloß Geschäfte macht, politische und kommerzielle, wie es je nach Gebrauch die sogenannte Vergangenheit bewältigt oder stillschweigend als Exportreklame einsetzt, wie die Obermörder wieder oben sitzen oder ihre Pensionen beziehen und die Anstifter und Nutznießer aufs neue ihren Rebbach machen – daß er das sieht und nicht so aufschreit, daß man ihn sogleich mundtot oder ganz tot macht, sondern dabei noch mittut, ist aller Verachtung wert.«

Unsäglich ist die Zumutung einer »Zustimmungspflicht« zur westdeutschen Nachkriegsgeschichte, weil sie diese Erfahrung der Zurückkehrenden unterschlägt, daß »die Mehrheit der Deutschen, die mit dem Nationalsozialismus sympathisierte, heute besser daran (ist), als jene, die sich vom Faschismus fernhielten« (Horkheimer).

Stunde der Intellektuellen

Solange das Deutsche Reich existierte, zwischen Aufstieg und Niedergang der deutschen Mandarine blieb das Schicksal von Heine und Marx paradigmatisch für das der Intellektuellen aus diesem Land. Traditionsbildende Kontinuitäten gab es für sie eher in den Emigranten-Subkulturen von Paris und London, später im New Yorker Exil als in Berlin oder München. Auch dieser äußere Umstand gehört zur Geschichte der intellektuellen Transformation der Philosophie in Deutschland: die Differenz zwischen einem rheinischen Juden im Londoner Exil und dem Tübinger Stiftler und preußischen Beamten im Berlin der Restauration. Der Philosophie des letzteren freilich ist in Deutschland *beides* entsprungen: nach Abzug der Vernunft die hegemonial siegreiche Transformation der idealistischen Philosophie in die Ideologie des Mandarinentums *und* nach Abzug der Beamtenrolle die entweder politisch *exilierte* oder sozial *marginalisierte* und kulturell *externalisierte* intellektuelle Transformation, die mit Heine und Marx im Pariser und Londoner Exil ihre frühen Höhepunkte hatte.

Von ganz anderer Statur als die meisten seiner Professorenkollegen war freilich auch der Schulphilosoph und Neukantianer Friedrich Albert Lange: geboren 1828, drei Jahre vor Hegels Tod, verstarb er vier Jahre nach der Reichsgründung als ordentlicher Professor in Marburg 1875, knapp 47 Jahre alt. Als Schulphilosoph aber war Lange nicht schulbildend, und den preußischen Schuldienst mußte er 1862 endgültig verlassen, weil er es gewagt hatte, der Schule eine Stellung im öffentlichen Leben einzuräumen, die Treuepflicht des Beamten den bürgerlichen Freiheitsrechten nachzuordnen, die Freiheit der Wissenschaft zu verteidigen und den Zweck der Nationen dem Zweck der Menschheit zu unterstellen. Er war später Redakteur der »Rhein-und-Ruhr-Zeitung«

und wurde zum Weggenossen der entstehenden Sozialdemokratie, seine Schrift »Die Arbeiterfrage« begründet deren späteren Revisionismus. Er verfaßt ein Pamphlet gegen den Klerikalismus und Schriften für das Genossenschaftswesen und das allgemeine Wahlrecht, schließlich resigniert er politisch und geht 1866 in die Schweiz, wo er sich publizistisch und in der Kommunalpolitik engagiert. Schon mit dieser Biographie kommt Lange eine »Sonderstellung im ganzen Neukantianismus zu«, sachlich vor allem deshalb, »weil er, wie kein anderer, von den Gegenwartsproblemen zu Kant kam und nicht, wie später viele Neukantianer, von Kant zu den philosophischen Problemen. Sein Interesse an Kant war alles andere als nur immanent-philosophischer oder gar philologischer Natur«, es war vielmehr »ganz pragmatisch« und »ideologiekritisch« an einer Destruktion der Metaphysik und des weltanschaulichen Materialismus des 19. Jahrhunderts orientiert.[93] Auch war Lange, der erst 1870 in Zürich Professor wird und 1872, im Zuge der Liberalisierungsphase nach der Reichsgründung, einen Ruf nach Marburg annimmt, einer der ganz wenigen deutschen Professoren, die Marx ernsthaft studiert und ihm gar »große Elogen« gemacht haben, wie Marx, der sonst weniger Freundliches über Lange zu sagen weiß, am 27. 6. 1870 an Kugelmann schreibt.

Lange ist nicht von der lautstarken idealistischen Fraktion derjenigen deutschen Mandarine, die damals schon, wie Liebmann, Fischer oder Treitschke, eine öffentliche Rolle für sich reklamieren. Sein immens gelehrtes Buch über die »Geschichte des Materialismus« von 1866, dessen zwei Bände Alfred Schmidt 1974 neu herausgegeben hat, macht den transzendentalen Idealismus gegen den zeitgenössischen »Vulgärmaterialismus« (Marx) stark. Es signalisiert schon den Übergang zur intellektuellen, ebenso wie übrigens zur sozialwissenschaftlichen Transformation der Philosophie – und zwar in einer nicht absolutistischen, sondern undogmatischen Version des Übergangs. Als Verächter »starrer und fanatischer Orthodoxie« lehnt Lange vor allem den dogmatischen Idealismus zeitgenössischer Kantianer ab, die wie M. J. Schleiden glauben, »den Materialismus niederschlagen zu können« mit dem Argument, wie Newton »die Gesetze des Sternenlaufs«, so habe Kant angeblich »Seele, Freiheit, Gott« »sicher festgestellt«. Sofort erkennt er, daß nicht Fischer und Liebmann, sondern Cohens Buch über Kants Theorie der Erfahrung dem neu erwachenden Kantianismus die Bahn bricht. Ganz wie seinerzeit Heinrich Heine sieht Lange die eigentliche Bedeutung Kants im konsequenten Negativismus einer Kritik der theoretischen Vernunft. In ihr liege »sogar für die Ethik [...] die *bleibende* Bedeutung des Kritizismus.« »Was insbesondere den gewöhnlichen *Idealismus* betrifft«, so »kann er keinen unversöhnlicheren Gegner haben als eben Kant«. Gegen den »falschen Absolutismus« und den »falschen Schein einer zwingenden Deduktion« ist Kant in Schutz zu nehmen. Lange will das »ganz [...] thun, was Kant nur halb that: die Metaphysik zu vernichten. Ich halte«, bekennt er 1858, »jede Metapysik für eine Art von Wahnsinn, von nur ästhetischer und subjektiver Berechtigung.«[94]

Den pragmatistischen und sinnkritischen Zug im Denken Kants arbeitet Lange sehr genau heraus: »alles weitere Bauen der Metaphysiker (ist) vergeblich, solange nicht feststeht, *ob ihr Bau überhaupt ein Fundament haben kann.*« Strenge Wissenschaft streift alle »abergläubischen Elemente« ab. In den monotheistischen Religionen – deren Überlegenheit im Vergleich mit den polytheistischen Lange auch in deren höherer sozialintegrativer Leistungsfähigkeit und Flexibilität sieht – kommt bereits ein Geist zum Zuge, der, untergründig dem monistischen Materialismus verwandt, den Wissenschaften und der Aufklärung förderlich ist: der »Glaube an einen geregelten und ewigen Gesetzen folgenden Gang aller Ereignisse« ist eine der »mächtigsten Triebfedern in der ganzen Fortbildung der Kultur vom Mittelalter zur Neuzeit.« Die Schubkräfte dieses Intellektualisierungsprozesses sind stark genug, um im Verein mit wirtschaftlichen und sozialen Umwälzungen die Aufklärung auch über jenen Glauben noch hinauszutreiben zum »*sichern Gange*« einer »*wirklichen* Wissenschaft«, diese ist fallibel und experimentell: »Der große Unterschied zwischen dem Geiste der modernen Chemie und der mittelalterlichen Alchimie läßt sich am klarsten an dem Verhältnisse zwischen *Experiment* und *Theorie* nachweisen. Für den Alchimisten stand die Theorie in ihren Grundzügen unerschütterlich fest; sie war dem Experiment übergeordnet, und wenn dasselbe ein unerwartetes Resultat ergab, so wurde dieses der Theorie, die einen aprioristischen Ursprung hatte, künstlich angepaßt. Sie war daher wesentlich auf die Hervorbringung des im voraus vermuteten Resultates gerichtet, weniger auf freie Forschung. [...] das Prinzip der modernen Chemie (ist) das empirische; das der Alchimie war trotz ihrer empirischen Resultate das aristotelisch-scholastische.« (I, S. 219 f)

Die philosophische Kritik – Lange sieht es ähnlich wie später der junge Max Horkheimer – öffnet die Wissenschaft für die Vernunft, indem sie deren Materialismus aus den Sackgassen eines falschen metaphysischen Selbstverständnisses befreit.

Darin sieht Lange Kants wesentliches Verdienst. Der nächste Verbündete des Königsberger Philosophen war neben der Skepsis Humes, dessen »feine Ironie« gegenüber »Metaphysik« und »Theologie« Lange bewundert, vor allem der Materialismus. Kant habe zwar »dem Materialismus mitsamt der alten Metaphysik für alle, die auf der Höhe der Wissenschaft standen, ein Ende« gemacht. »Ein Umstand aber, der eine so tiefgehende Reform der Philosophie ermöglichen half, war vor allen Dingen die Niederlage, welche der Materialismus (in der Aufklärung des 18. Jahrhunderts – H.B.) der alten Metaphysik beigebracht hatte.« (I. S. 417)

»Gegenüber metaphysischen Erdichtungen, welche sich anmaßen, in das Wesen der Natur einzudringen und aus bloßen Begriffen zu bestimmen, was uns nur die Erfahrung lehren kann, ist daher der Materialismus als Gegengewicht eine wahre Wohltat.« (II, S. 985) In den einzelnen Wissenschaften eröffnen ohnehin die »*materialistischen* Hypothesen [...] stets die größte Aussicht auf neue Entdeckungen«, so daß es »*weit besser* (ist), *in diesen Fächern krasse Materialisten zu haben als Phantasten und verworrene Schwachköpfe*«. (I, S. 1001)

Schließlich ist Langes Buch eine geschichtsdiagnostische Ehrenrettung des Materialismus, der normalerweise »Grausamkeit, Herrschsucht und systematische Verbrechen« ausschließt, weil ihm die »im Spezifischen« liegende »Kraft der Religion« ebenso fehle wie deren »Fanatismus« und »Intoleranz«, die die Religionen immer wieder auf die Stufe exklusiver Besonderheit zurückfallen lassen. An Lange zeigt sich, daß man für Toleranz eintreten kann, ohne zugleich für neuheidnischen Polytheismus und den »Abschied vom Prinzipiellen« (O. Marquard) eintreten zu müssen.

Der Sinn für die legitimen Motive des Materialismus öffnet Lange denn auch die Augen für die Geschichte der Besiegten. So sind die Assassinen, ein mohammedanischer Jesuitenorden des Mittelalters, immer wieder als (einziges) Beispiel einer Verbindung von materialistischer Geheimlehre und maßloser Grausamkeit von den Historikern angeführt worden. Dazu aber geben denunziatorische Quellen Anlaß, bei denen man nicht übersehen dürfe, so Lange, »daß dies die gewöhnliche Art ist, wie eine siegreiche Orthodoxie mit überwundenen Sekten umgeht«. So gibt Lange, unter Berufung auf die frühe deutsche Aufklärung, zu bedenken, daß oft »die Wahrheit bei den Verfolgten, Unterdrückten und Verleumdeten wohnt, und daß jede im Besitz der Macht, der Würden, der Pfründen befindliche Kirche schon als solche die Tendenz hat, die Wahrheit zu verfolgen und zu unterdrükken«. Jedenfalls ist die »Anerkennung des Rechts der *unterlegenen* Personen und Parteien in der Geschichte eine mächtige Stütze der Denkfreiheit« (I, S. 419).

Neben Erkenntnis- bzw. Ideologiekritik antizipiert Lange schon die spezifisch intellektuellen Aufgaben einer über

Fach- und Schulphilosophie hinausgreifenden »didaktischen und aufklärenden Tendenz« zur öffentlichen Deutung, Vermittlung und Kritik: »Wenn die Resultate der Wissenschaft so beschaffen wären, daß niemand sie deuten kann, der sie nicht gefunden hat, [...] so sähe es mit dem Zusammenhang alles Wissens und mit der ganzen höheren Bildung sehr bedenklich aus.« (II, S. 589) Aber diese *Verständigungsleistung* setzt das politische *Einverständnis* »nicht nur« in die »*unbedingte Lehrfreiheit* für die strenge Wissenschaft wie für ihre populären Darstellungen« voraus, »sondern auch« den freien Spielraum »für die öffentliche Kritik aller zutage tretenden Schäden und Mißbräuche«.

Aber das war, mehr als 30 Jahre nach Hegels Tod und nach der Pariser Julirevolution, also nach »Ende der idealistischen Periode in Deutschland«, schon lange nicht mehr mainstream. Die auch von dem kosmopolitischen Geist Friedrich Lange ambivalent empfundene »idealistische Vaterlandsschwärmerei aus den Zeiten der Befreiungskriege war in der Kerkerluft versauert, im Ausland verschmachtet und unter der Gleichgültigkeit der Massen verflüchtigt. Die Philosophie hatte ihren Zauber verloren, seit sie in den Dienst des Absolutismus getreten war. Die großartige Abstraktion, welche den Ausspruch geschaffen hatte, daß das *Wirkliche* zugleich das *Vernünftige* ist, hatte im deutschen Norden lange genug die kleinlichsten Bütteldienste getan, um mit der Ernüchterung das Mißtrauen gegen die Philosophie allgemein zu machen.« (I, S. 520) Ganz vom *intellektuellen Geist* Kants sind noch Langes letzte Versuche inspiriert, »aktiv in die Tagespolitik einzugreifen«. Im Kriegswinter 70/71, in dem Liebmann sein chauvinistisches »Belagerungstagebuch« verfaßte, verschickte Lange aus dem Schweizer Exil einen »Aufruf an die Menschenfreunde aller Nationen« – einem Kassiber gleich – an verschiedene seiner Freunde: »Von dem Glauben geleitet, daß auch in den schrecklichsten Tagen entfesselter Leidenschaft und wilden Völkerkampfes in tausend und aber tausend Herzen die Stimme der Humanität ihr

Echo finden wird, wagen wir es, im Namen der Vernunft und der Sittlichkeit Protest zu erheben gegen die Fortdauer des unmenschlichen Krieges, der jetzt in Frankreich wüthet, und die Menschenfreunde aller Nationen aufzufordern, sich in diesem Protest mit uns zu vereinigen.« Sein Appell zielt auf den *Abbau des Naturzustands* zwischen den Staaten: »Immer enger wird das Band der Interessen und des Verkehrs, sowie die gemeinsamen geistigen Arbeiten und Kämpfe, welches alle zivilisierten Nationen verbindet, und je mehr die realen Verhältnisse diese Einheit unwiderstehlich herstellen, desto gefährlicher wird die Versäumnis einer großen und planmäßigen Pflege der internationalen Beziehungen.«[95]

Trotz ihrer erstaunlichen Produktivität blieben die Intellektuellen noch nach dem ersten, mühevollen Demokratisierungsschub in der Weimarer Republik im wesentlichen *auf sich selbst als Publikum* beschränkt und spielten *im praktischen Diskurs massenwirksamer Definitionsmächte* immer nur eine Rolle: die *negative* eines *Feindbildes*.

Wie wenig beispielsweise der erhebliche Einfluß der Sozialdemokraten auf die Politik der zwanziger Jahre etwas an der funktional und ideologisch beherrschenden Stellung der Mandarine ändern konnte, erhellt der Umstand, daß es zwischen 1918 und 1933 kaum mehr als fünf prominente Wissenschaftler gegeben haben dürfte, »die deutliche Sympathien für irgendeine marxistische Partei oder Verbindungen zu ihr hatten: den Philosophen Ernst v. Aster, den Soziologen Karl Mannheim, den Nationalökonom Emil Lederer« sowie die Juristen Gustav Radbruch und Hermann Heller.[96] Nur wenige unter den deutschen Professoren, so Ringer, waren

1. für intellektuelle Einflüsse aus dem Westen offen und hatten sich mit Hobbes, Marx, Durkheim, Spencer und der westlichen Soziologie ernsthaft vertraut gemacht; hatten gar

2. persönliche Beziehungen zu Arbeitern und zur Arbeiterbewegung (auch hier war Lange eine frühe Ausnahme); oder verfügten überhaupt

3. über »Kontakte zur Welt der außerakademischen, nicht verbeamteten und nicht institutionell gebundenen Intelligenz, zu Künstlern, Journalisten und Schriftstellern«, so daß es möglich gewesen wäre, Kassiber zwischen der korporatistisch verkasteten Welt der Mandarine, proletarischen Öffentlichkeiten und den externalisierten egalitären Intellektuellen hin und her zu schmuggeln.

»In der akademischen Literatur jener Zeit« hat Fritz Ringer »nur an einer Stelle zustimmende Bemerkungen zu den Arbeiten Freuds finden können. Sie stammen von dem radikalen Kritiker Ernst v. Aster.« Zu ergänzen wären allenfalls, aus der Spätphase der Weimarer Republik und am Rande des akademischen Milieus, die Arbeiten Erich Fromms, der damals freilich gänzlich unbekannt war. Von den immerhin drei ausführlichen Kritiken an Freud, auf die Ringer gestoßen ist, »vertritt eine die Auffassung, er sei ›immer wieder am Materialismus und am Rationalismus hängengeblieben‹. Eine zweite behauptet einfach, die Freudsche Schule bestehe ›großenteils aus Dilletanten‹. Und die dritte beklagt die angeblich übertriebene Bedeutung, die Freud der Sexualität zugemessen habe.«[96a]

Selbst satirische Gedichte über den Weltkrieg, die das »gnadenlose Moralisieren« der Mandarine karikieren, wie beispielsweise Brechts »Legende vom toten Soldaten« oder Kästners »Wenn wir den Krieg gewonnen hätten ...«, konnten mit den einfachsten ideologischen Waffen wie z. B. der Dolchstoßlegende erledigt und ausgegrenzt werden. Die »Forderung des Tages« lautete 1930: »Aufstand der Landschaft gegen Berlin« (W. Stapel), und die deutsche »Drogistenzeitung« reimte, nachdem Hitler an die Macht gelangt war, was ohnehin seit Kaisers Zeiten als kulturelle Selbstverständlichkeit galt:

> »Hinweg mit diesem Wort, dem bösen,
> Mit seinem jüdisch grellen Schein,
> wie kann ein Mann von deutschem Wesen,
> ein Intellektueller sein?«

Die deutschen Eliten waren damals für die rassistischen Varianten des Antisemitismus weit anfälliger als die von ihnen verachtete Bevölkerung.[97]

Nach dem zweiten Krieg war das Mandarinentum politisch längst entmachtet, sozial auf seine Berufsrolle zurückgeworfen und kulturell durch die Zeit des Nationalsozialismus zumindest so weit kompromittiert, daß es seine kulturelle Hegemonie nur mehr mit Hilfe eines historischen Kompromisses aufrechterhalten konnte, der von Anfang an *in sich legitimationsschwach* war (s. o. S. 107 ff.). In dieser Situation war eine dauerhafte und ideologisch stabile Ausgrenzung und Verdrängung des egalitären Intellektualismus nicht länger möglich. Von ihm ging ein untergründiger, aber legitimationskritisch wirksamer, in der breiteren Öffentlichkeit zunächst kaum wahrnehmbarer, schwacher, aber beharrlicher *Modernisierungsdruck auf die Kultur* aus. Als schließlich, nach einer Serie von Affären, einer politischen Krise des wohlwollenden Patriarchalismus nach dem Sturz Adenauers und im Gefolge heftiger wirtschaftlicher Rezessionstendenzen das längst morsche Gebäude der Verdrängungshegemonie zu Staub zerfiel, wurde evident, daß es den westdeutschen Intellektuellen gelungen war, die in der Zwischenkriegszeit erst kulturell externalisierten und dann politisch exilierten intellektuellen Traditionen *in* den Horizont der Nachkriegskultur zu *imputieren*.

Im kulturellen Modernisierungsdruck laufen zwei Tendenzen zusammen. Die *Wiederkehr des Verdrängten und Exilierten* trifft auf *neue Aufnahmebereitschaften*, die dem zweiten Demokratisierungsschub der deutschen Geschichte entstammen.

Zur »geistigen Situation der Zeit« der ersten Nachkriegsjahre gehört eben nicht nur Heideggers »Humanismusbrief«, der gravitätisch verkündet: »Die Aufklärung verfinstert die Wesensherkunft des Denkens«, hastige Umschuldungen vornimmt und dem Humanismus kurzerhand und kaum verhohlen die Verantwortung für das »Unheil« der Naziherrschaft in die Schuhe schiebt, um noch im selben Atemzug dem antidemokratischen Affekt in der Rede von der »Diktatur der Öffentlichkeit« nachzugeben – nur um schon 1947 dem Programm des »kommunikativen Beschweigens brauner Biographieanteile« den seinsgeschichtlichen Segen zu erteilen und »weniger das überstürzte Aussprechen als vielmehr das rechte Schweigen« zu feiern. Zur geistigen Situation der Zeit gehört aber auch Paul Celans »Todesfuge«, gehört das mit Horkheimer und Adorno aus dem Exil nach Frankfurt zurückkehrende Institut für Sozialforschung, gehört der nachhaltige Einfluß der »re-education« auf Teile der jüngeren Generation, gehört Eugen Kogons »SS-Staat«, der das 1946 erschienene und bis 1974 immer wieder aufgelegte Buch unmittelbar nach seiner Befreiung aus dem KZ Buchenwald schrieb, ebenso wie Alexander Mitscherlichs Arbeit über den Nürnberger Ärzteprozeß.

Solche Einflüsse gehen in den Erfahrungshintergrund der *ersten Generation westdeutscher Nachkriegsintellektueller* ein. Das sind einmal diejenigen, die ihre Kindheit und Jugend im faschistischen Deutschland zugebracht haben. Schriftsteller und Kritiker wie Walter Jens, Günter Grass oder Siegfried Lenz, Enzensberger oder Walser, Ingeborg Drewitz oder Reinhard Baumgart u. a.; Publizisten und Verleger wie Harry Pross oder Rudolf Augstein; Verlagslektoren wie Günther Busch oder Walter Boehlich; Filmemacher wie Alexander Kluge; Sozialwissenschaftler und Philosophen wie Dahrendorf, Habermas, Helge Pross, Apel, Brückner, Mollenhauer, Albert, Fetscher, Hans-Paul Barth u. a.; Historiker wie Hans-Ulrich Wehler oder Hans Mommsen. Zu der Gruppe gehören auch Schriftsteller wie Peter Weiss oder Erich Fried, die nicht in Deutschland lebten, Regisseure wie Peter Zadek oder Philosophen wie Ernst Tugendhat, Kinder von Emigranten und überlebenden Opfern der NS-Verfolgung mit ganz anderem Sozialisationshintergrund. Den lebensgeschichtlich motivbildenden Kontext der Erfahrung nach 1945 schildert einer aus dieser Generation heute so:

»Mit 15 oder 16 Jahren hockten wir an den Radiogeräten und erfuhren, was vor dem Nürnberger Tribunal verhandelt wurde; als andere dann, statt vor dem Grauenhaften zu verstummen, anhuben, über die Rechtmäßigkeit des Gerichts, über Verfahrensfragen und Zuständigkeiten zu streiten, gab es wohl jenen ersten Riß, der immer noch klafft.« Dies eben läßt die Differenzen zwischen elitärem Antiintellektualismus und egalitärem Intellektualismus in Westdeutschland in einem andern Licht erscheinen als andernorts. Für die späteren Protagonisten eines egalitären Intellektualismus wurde 1945 die »eigene Geschichte [...] in ein Licht getaucht, das alle wesentlichen Aspekte schlagartig anders erscheinen ließ. Man sah plötzlich, daß das ein politisch kriminelles System war, in dem man gelebt hatte. [...] Zunächst war 1945 eine Befreiung, historisch und persönlich. Es war, in meiner Erinnerung, übrigens sehr schönes Wetter. Ich habe das alles naiv, intuitiv als schön empfunden. Dann stürmten viele Eindrücke auf mich ein. Die ersten Bücher im rororo-Zeitungsdruck und die aus der Marxismus-Leninismus-Bücherei, die in der kommunistischen Buchhandlung zu haben waren, habe ich verschlungen.« »Wir Jüngeren waren vor allem ausgefüllt von einer schrittweise nachvollzogenen Rezeption der unterdrückten Moderne, d. h. zunächst der Jahre nach dem Ersten Weltkrieg: die Sammlung Haubrich öffnete uns den Blick für die expressionistische Malerei, wir lasen Gedichte von Trakl bis Benn, machten Bekanntschaft mit Bauhaus und Funktionalismus; von Sartres Romanen und O. F. Bollnows Darstellung des Existentialismus führte der Weg zu Kafka und Rilke zurück. Den zeitgenössischen Kulturbetrieb beherrschten Romane wie ›Dr. Faustus‹ und das ›Glasperlenspiel‹; Filme wie der ›Dritte Mann‹ wurden zum Generationserlebnis.«[98]

Die literarischen Anfänge, Bölls Pathos des Wiederanfangens, Wolfgang Borcherts expressiver Pazifismus, Arno Schmidts unerbittliche Verfremdung von Entwurf und Alltag wurden bald von der ›Gruppe 47‹ zu kulturpolitischen Appellen, Initiativen und Manifesten gebündelt. Der Nachkriegspazifismus konnte nicht, wie noch nach dem ersten Krieg, einfach ausgegrenzt werden, und es bedurfte komplexerer ideologischer Mittel, um ihn im Totalitarismusschema des Verdrängungsantikommunismus wenigstens zu relativieren. Aber mit dem deutschen Militarismus war es nach 1945 definitiv vorbei.

Der *kulturelle Modernisierungsdruck* wirkte sich zunächst in den politikfernen, leichter privatisierbaren Bereichen von *Kunst und Literatur* aus. »Es genügte«, weiß ein anderer zu berichten, »vorzuzeigen, was mit dem Stigma der ›Entarteten Kunst‹ versehen worden war und Entsprechendes in Ausstellungen zusammenzubringen und zu kommentieren. [...] Geistige Prägung und Auseinandersetzung wurden indes vor allem vom Theater bestimmt. Da wurden Thornton Wilder aufgeführt und Tennessee Williams, Arthur Miller ebenso wie T.S. Eliot oder Paul Claudel. Im Zentrum der Diskussion aber standen Sartre, Camus und Anouilh. Erfahrung der Resistance, philosophisch verarbeitet und dramaturgisch stilisiert, Abgründe der Existenzanalyse in schneidenden, aber aneinander vorbeigehenden Dialogen schlugen in den Bann. [...] Es machte betroffen und führte zur Widerspiegelung des Erlebten, wie das ›Räderwerk‹, das demonstriert wurde, in dem niemand daran vorbeikam, mit ›schmutzigen Händen‹ dazustehen. Die Resonanz, die das Insistieren der Antigone auf ihr Selbstsein hervorrief, war Ausdruck der Sehnsucht nach einer Identität, die um so stärker wurde, je plausibler ein Kreon den Legitimationsanspruch und -maßstab repräsentierte.«

Solch frühe Eindrücke tauchen später wieder in der Geschichte der Bundesrepublik auf, etwa als während des »deutschen Herbstes«, auf dem Höhepunkt einer den Terrorismus begleitenden Repressionswelle und Intellektuellenhetze, das Antigone-Motiv diesmal einem Massenpublikum in Film und Fernsehen die Pathologien eines entstellten öffentlichen Kommunikationszusammenhangs vor Augen führen und erfahrbar machen soll. In den fünfziger Jahren freilich konnten die Impulse des intellektuellen Protests in die existentialistische Privatisierung abgebogen werden, und der vorhandenen Aufnahmebereitschaft für exilierte Traditionen und westliches Denken waren bald enge Grenzen gezogen.

»Nach dem Krieg war« unter den Studenten »das Bedürfnis groß, über die national eingrenzenden Zäune zu schauen, die für 1000 Jahre aufgerichtet, nun weggebrochen waren. Doch die Möglichkeiten für Studierende, Anschluß an die internationale Entwicklung im Bereich der Humanwissenschaften und der Philosophie zu finden, waren befremdlich rar. Es lag dies nicht nur an der nationalen Selbstgenügsamkeit deutscher Professoren und an den unzulänglichen Mitteln der Verlage. Gravierender war, daß das ursprünglich intendierte Niveau der Reeducation nicht eingebracht wurde. Die Konzepte eines Karl Mannheim, eines Kurt Lewin kamen nicht zur Wirkung. Der Zusammenhang von Gesellschaftsverfassung und Erziehungsreform fand so keine theoretische Fundierung im deutschen Sprachraum. Was gerade noch ankam, waren abgesunkene Vorstellungen der Gruppenpädagogik.«

Wissenschaft und Philosophie bleiben so die eigentliche Domäne der deutschen Mandarine. Von hier aus, wo die alte kulturelle Hegemonie noch sicher ist, gelingt in den fünfziger Jahren die Abwehr des Verdrängten, die es ermöglichte, »das volle Ausmaß des Exodus der Humanwissenschaften aus dem NS-Staat zu verleugnen. Es dauerte seine Zeit, und es bedurfte des Nachkommens einer neuen Generation, um den Tatbestand der völligen Ausscheidung einer sozial orientierten Humanwissenschaft feststellbar zu machen. Daß sie Anfang der dreißiger Jahre an ihrem selbst produzierten Ende angelangt gewesen wäre, konnte Helmut Schelsky noch 1959 behaupten.«

Die *Koalition aus Verleugnung und Antikommunismus* betreibt eine »instrumentell dosierte« »Selektion [...] aus der Fülle der humanwissenschaftlichen Literatur in den ersten

15 Jahren nach dem Krieg«. Hier werden weiterhin die exilierten Kontinuitäten an den deutschen Grenzen unterbrochen. »Die wissenschaftliche Literatur der Emigration hätte am ehesten Provinzialität verhindern, den Anschluß an die internationale Denkentwicklung vermitteln können. Doch bot sich keine Möglichkeit, sich dieser Literatur zu stellen. Wissenschaftliche Kontinuität, die an der NS-Herrschaft vorbei durchaus bestand, wurde nicht thematisiert.«[99]
 Ganz unangefochten beherrschte in den fünfziger Jahren Heidegger – und nicht Husserl oder Sartre – die philosophisch gebildete Szene und das nach wie vor geistesaristokratische Kulturmilieu an Universitäten und Gymnasien. Sartre wurde zwar massenhaft rezipiert, galt aber für oberflächlich. Eine intellektuell ansetzende Kritik an Heidegger existiert praktisch nicht. Natürlich gab es unter den alten Mandarinen Gegner Heideggers, die, wie Joachim Ritter schon in den dreißiger Jahren, den ganzen Ansatz für verfehlt hielten. Aber das spielte öffentlich keine Rolle, und Adornos Ideologiekritik am »Jargon der Eigentlichkeit« wurde erst in den sechziger Jahren wirksam. Einiges Aufsehen erregte 1953 ein Artikel des damals 24jährigen Jürgen Habermas, der in der FAZ Heideggers Beziehungen zum Nationalsozialismus thematisiert und versucht, dessen öffentliche Wirkung aus der »philosophischen« Synthese von Elitismus (die aristokratischen Einzelnen, die »Stärke« gegen die Herde der Vielen), Antiintellektualismus (»Geist« und »Denken« vs. »Intellekt« und »Logik«) und existentialistisch verjüngten Sekundärtugenden (»Mut«, der der entschlossenen Tat des Starken und Geistigen vorhergeht) zu erklären. Die Kritik endet mit dem Appell, »mit Heidegger gegen Heidegger« zu denken. In *diese* Richtung, die Habermas selbst nie eingeschlagen hat, hat sich in den späten fünfziger Jahren das Denken von zwei Philosophen entwickelt, die beide seit den späten sechziger Jahren an Einfluß gewonnen haben – und zwar in einer radikaleren Version Karl-Otto Apel, dessen Arbeiten für ein emanzipatorisches und demokratisches Wissenschaftsver-

ständnis im Verlauf der studentischen Protestbewegung auch öffentlich wirksam geworden sind; sowie in einer gemäßigten Version bei Heideggers Schüler Hans-Georg Gadamer, der wiederum, obwohl selbst eher konservativ, bei egalitären Szientismuskritikern wie Rorty oder Taylor und sogar für die jüngere Kritische Theorie (Habermas, Apel u. a. in Westdeutschland, S. Benhabib, Richard Bernstein, Tom McCarthy u. a. in den USA) wichtig geworden ist, keineswegs aber in vergleichbarem Ausmaß bei neokonservativen Gegenintellektuellen.

Aufnahmebereitschaften für die verdrängten und exilierten, zumeist *jüdisch-deutschen Kontinuitäten des Intellektualismus* und für die ausgegrenzten und abgewehrten *radikaldemokratischen Traditionen des westlichen Denkens* konnten also auch auf diesem dialektischen Weg einer *immanenten Kritik* (»mit Heidegger gegen Heidegger«) *aus der hegemonialen Verklammerung herausgelöst* und als *antihegemoniale* Gegentendenz wirksam werden.

Solche Tendenzen und der durch das Ende der Naziherrschaft 1945 und den folgenden Demokratisierungsschub geprägte Erfahrungshintergrund trafen mit den aus der Emigration wirkenden, starken intellektuellen Strömungen zusammen, also mit dem Werk und den lebendigen Erfahrungen von Philosophen und Wissenschaftlern wie Max Horkheimer, Helmuth Plessner, Theodor W. Adorno (und über Adorno vermittelt Walter Benjamin), Norbert Elias, Karl Popper, Georg Lukács, Rudolf Carnap, Hannah Arendt, Ernst Bloch, Gershom Scholem, Herbert Marcuse, Paul Lazarsfeld, Leo Löwenthal, Franz Neumann, Günther Anders oder Siegfried Kracauer. Ohne das antiprovinzielle und antirestaurative Korrektiv, zu dem sie mehr und mehr wurden, »hätte die kulturelle Entwicklung der Bundesrepublik Deutschland eine andere und [...] gefährlichere Richtung genommen. [...] Es sind die an den historischen Erfahrungen des Exils und der Unterdrückung geschärften Blicke von Marx, Freud und Kafka, die die sozial entfremdeten, die psychisch verdrängten, die [...] erstarrten Anteile von zwanghaft integrierten und verstümmelten Lebenszusammenhängen bloßlegen; es sind diese Blicke, die die aufklärende Kraft der Reflexion auch in die Tiefe lenken.«[100]

Neben wichtigen, durch das Werk von Wolfgang Abendroth und Alexander Mitscherlich vermittelten marxistischen und psychoanalytischen Impulsen werden Marx und Freud vor allem durch den wachsenden Einfluß der Frankfurter Schule in das kulturkritische Denken der Nachkriegszeit integriert. Die Arbeiten von Horkheimer, Adorno, Benjamin und Marcuse sind exemplarisch sowohl für die intellektuelle wie für die sozialwissenschaftliche Transformation der Philosophie. Adorno gelang es, seinen eigenen, postkonventionellen Stil eines analytisch distanzierten, mikrologisch-negativen Moralismus zu etablieren. Nach dem Muster der »Minima Moralia« hatten Aphorismen wie »Erster und einziger Grundsatz der Sexualmoral: der Ankläger hat immer unrecht«, eine befreiend zersetzende Wirkung auf die spießige Muffigkeit der tugendhaften fünfziger Jahre. Marcuses Freudrezeption tat ein übriges, indem sie Freud im Kontext von deutschem Idealismus und Frühromantik wahrnehmbar machte und so innerhalb des Bildungstraditionalismus Sensorien für die verdrängten subversiven Potentiale schärfte.

Eine kaum zu unterschätzende Wirkung ging auch von den Frankfurter Auschwitzprozessen aus, die Anfang der sechziger Jahre auf Betreiben des damaligen Hessischen Generalstaatsanwalts Fritz Bauer doch noch stattfanden. Sie hinterließen nachhaltige Spuren bei der damaligen Studenten- und Schülergeneration, der die Rundfunkkommentare Axel Eggebrechts bis heute im Ohr geblieben sein dürften. Vielen der Jüngeren bot die Kritische Theorie der Frankfurter Schule Begriffe, die auf diese Erfahrung zugeschnitten waren: »Zu Anfang der sechziger Jahre fanden in Frankfurt die Auschwitzprozesse statt. Sie vertieften auf eine beklemmend-schauerliche Art und Weise den Eindruck von dem unendlich feigen Morden in den deutschen KZ, das im Sinn irgendeiner kriegerischen Logik nicht verständlich zu machen war. Wir Studenten von damals empfanden deutlich, daß es nicht die diktatorische Vergangenheit des Dritten Reichs und der von Hitler angezettelte Weltkrieg mit seinen fünfzig Millionen Kriegsopfern waren, was man den Deutschen zur ewigen Beschämung aus ihrer jüngsten Vergangenheit vorhielt. Es waren die Massenmorde in den KZ, die als Schande am Namen Deutschlands kleben. Wo gab es eine nichtkompromittierte und zugleich lebendige geistige Tradition, die es einem jungen Deutschen dieser Jahre erlaubte, eine Verbindung mit der kulturellen Vergangenheit seines Landes herzustellen? Die erste Nachkriegsgeneration an den neu aufgebauten Universitäten hatte sich dem Druck der Beschämung durch Hinwendung zu übergeschichtlichen, rein individualistischen Existenzphilosophien – denen von Heidegger, Jaspers und Sartre – zu entziehen gesucht. Die folgende Generation, die an den Krieg nur Kindheitserinnerungen hatte, suchte nach einer Philosophie, die das Zustandekommen des ›absolut Bösen‹ zu erklären vermochte. Denn man hatte durchaus das Gefühl, daß das ›Wirtschaftswunder‹ in der Bundesrepublik Deutschland samt der sich festigenden liberalen Demokratie nicht die erschöpfende Antwort auf das geschichtliche Desaster sein konnte. Mit der eigenen Geschichte zu Rande kommen zu wollen war eines der ausschlaggebenden Motive für die Hinwendung zur Kritischen Theorie der ›Frankfurter Schule‹.«[101]

Zur gleichen Zeit öffnen sich die Kommunikationskanäle nach Westen, und die politische Kultur Amerikas wurde, nach der halbherzigen Reeducation, nach den Warenbergen und nach den Fernsehserien, endlich auch in ihren libertäranarchistischen und radikaldemokratischen Zügen rezipierbar: »Wir haben uns damals die politische Theorie der Aufklärung angeeignet, haben die mentalitätsprägende Kraft des von religiösen Sekten getragenen Pluralismus begriffen, den radikaldemokratischen Geist des amerikanischen Pragmatismus von Peirce bis Mead und Dewey kennengelernt.«[102]

Etwas von diesem utopischen Schwung bläst der stürmische Westwind noch bis in die prosaische Rechtssoziologie eines so unutopischen Geistes wie Niklas Luhmann: »Das umfassende Sozialsystem ist faktisch zur einheitlichen, alle Beziehungen zwischen Menschen umgreifenden Weltgesellschaft zusammengewachsen. [...] Faktisch sind die universelle Kommunikationsmöglichkeit und, mit periodischen und regionalen Ausnahmen, der universelle Weltfriede hergestellt. Eine zusammenhängende Weltgeschichte entsteht. Ein gemeinsamer Tod aller Menschen ist möglich geworden. [...] Elektrizität wird als Elektrizität, Geld als Geld, der Mensch als Mensch genommen überall – mit Ausnahmen, die einen pathologischen, rückständigen, gefährdeten Zustand signalisieren.« Fast scheint es, als könne dieser Vision vom ewigen Frieden in einer funktional differenzierten Weltgesellschaft selbst das »Zurückbleiben« der »politischen Rationalität in engeren Grenzen« nichts mehr anhaben. Politik, und vor allem der angesichts von Weltinnenpolitik lächerliche Primat der Außenpolitik, von dem die Konservativen so gerne schwärmen, könnte für die »Führung« und Entwicklung des Ganzen so bedeutungslos werden »wie einst die Familie beim Aufbau größerer, hochkultivierter Gesellschaftssysteme«. »In dem Maße, als sich Funktionsbereiche wie Religion, Wirtschaft, Erziehung, Forschung, Politik, Intimbeziehungen, Erholungstourismus, Massenkommunikation zu hoher Eigenständigkeit entfalten, sprengen sie die für alle gemeinsam geltenden territorialen Gesellschaftsgrenzen. [...] Nimmt man hinzu, daß mindestens eines der Teilsysteme, nämlich die Wissenschaft, universelle Intersubjektivität als eigenes Strukturprinzip und Leistungskriterium angenommen hat, wird klar, daß es territoriale Gesellschaftsgrenzen nicht mehr geben kann, daß die Mehrheit einander fremd gegenüberstehender Gesellschaften [...] sich aufgelöst hat und daß die Gesamtheit aller Funktionen nur noch in einem globalen System sozialer Interaktion, in der Weltgesellschaft zusammengefaßt werden kann.«[103] Immerhin reicht der utopische Schub bei Luhmann so weit, daß er von so belanglosen Problemen wie dem der Klassengesellschaft gar nicht mehr redet.

In den sechziger Jahren zerbröckelt langsam der entsetzliche Provinzialismus, der einem heute noch aus jedem deutschen Film der fünfziger Jahre entgegenweht, Momente vom Geist der Befreiung vom Provinzialismus, den Franz Neumann als wesentliches Ergebnis der Emigrationssituation hervorgehoben hat, setzen sich sogar in der deutschen Nachkriegskultur fest. *Das Totalitarismusklischee beginnt zu zerfallen.* Hannah Arendts Totalitarismustheorie läßt eine Doppelrolle erkennen, die die Vorurteile des Verdrängungsantikommunismus löst. Ihr Buch über die »Elemente und Ursprünge totalitärer Herrschaft« wird zunehmend als Buch über die eigene Geschichte, über Struktur und Funktion des faschistischen Herrschaftsgefüges gelesen, und hinter ihrer Totalitarismustheorie wird ein normativer Horizont erkennbar, der sich rasch gegen die restaurativen politischen Verhältnisse und das muffige kulturelle Klima der Bundesrepublik kehrt, weil er den Blick freimacht für die produktiven Kräfte spontan bewegter Massen, für das Innovationspotential, das in der Idee der Rätedemokratie steckt, für das Neue, für Natalität und soziale Revolutionen.

Seit Ende der fünfziger Jahre *steigt der kulturelle Modernisierungsdruck*. Zugleich erlahmen die Kräfte des historischen Kompromisses. Die alte Hegemonie wird brüchig. Fast scheint es, als wäre falsifiziert, was Hugo Ball 1919 in seiner »Kritik der bürgerlichen Intelligenz« über Deutschland schrieb: »Die große Bewegung der Aufklärung brach hier nicht durch. Die Vox Humana der Nachbarländer fand nur den spärlichsten Nachklang.« Plötzlich schien es wie von selbst zu tönen. Da hätte es der antiautoritären Studentenrevolte kaum noch bedurft, um den *affirmativen Charakter der Kultur*, der die Hegemonie des Mandarinentums so lange getragen hatte, *aufzuheben*.

Eine solche Bewegung *mußte* konservativen Mandarinen

wie der Einbruch der chinesischen *Kulturrevolution* erscheinen. Das war natürlich maßlos, denn im historischen Vergleich (ganz zu schweigen von den Verhältnissen in China) und auch im Vergleich mit den militanten Bürgerrechtsbewegungen in den Vereinigten Staaten oder gar dem Mai '68 in Frankreich war die westdeutsche Studentenbewegung zahm. Das Ausmaß, in dem die Bewegung dann durch die sozialliberale Koalition unter Willy Brandt, mit dem die Bundesrepublik erstmals einen Bundeskanzler hatte, der selbst zur Gruppe der Emigranten gehörte, reformistisch »aufgesaugt« werden konnte, war schließlich, wie der Historiker Hans-Ulrich Wehler zu Recht betont, ein Zeichen für die erhebliche »Problemlösungskapazität« der Bonner Republik.

Doch das Jahr 1968 war insofern eine Zäsur in der deutschen Nachkriegsgeschichte, als es die *Stunde der Intellektuellen* war. In diesem Jahr ging eine sehr deutsche Tradition definitiv zu Ende, die wir als das am Beginn dieses Abschnitts beschriebene *Kassibermodell* der Kommunikation zwischen Expertenkulturen, Intellektuellen und (Massen-)Öffentlichkeiten kennzeichnen können, also die Reduktion der modernen Intellektuellenrolle auf einen subkutanen und halblegalen Status und die Externalisierung des soziokulturellen Orts der Intellektuellen im hegemonialen Gefüge der herrschenden Kultur. Die Studentenrevolte war jedoch zum ersten Mal in der Geschichte der Bundesrepublik eine *soziale Protestbewegung, in der egalitäre Intellektuelle mit beweglichen Massen kommunizierten*. Wie Hannah Arendt und Cornelius Castoriadis gezeigt haben, ist dem sozialen Magma, ist flüssigen Massen eine kreative Potenz eigentümlich: sie sind aus dem Stoff, aus dem Institutionen geformt werden.

Die soziale Bewegung in der deutschen Nachkriegszeit, in der die Intellektuellen eine so herausragende Rolle gespielt haben, hat nun endlich auch in Westdeutschland die *soziale Rolle des modernen Intellektuellen institutionalisiert*. An die Stelle des Kassibermodells ist das *des Appells, der Vermittlung und des avantgardistischen Choks* getreten.

Das ist es, was die Erben der deutschen Mandarine so nervös und zu militanten *Gegenintellektuellen* hat werden lassen. Für sie, die Apologeten des »nicht-symmetrischen« historischen Kompromisses der Verdrängungskoalition aus der Frühgeschichte der Bundesrepublik, kam dieser Institutionalisierungsakt dem Zusammenbruch aller Institutionen gleich, und sie mußten sich mit Hilfe einer sublimierten Dolchstoßlegende erklären, wie damals Studenten und Intellektuelle die heile Republik kaputtgemacht haben.

Gegenintellektuelle

> »Hier sehen wir in ihrem Staat
> vergnügte Philosophieprofessoren«
>
> *(Friedrich Nietzsche)*

Die Ursachen für die Rückkehr des neokonservativen Denkens in den siebziger Jahren sind in Westdeutschland dieselben wie überall in der westlichen Welt: das Zusammenspiel hartnäckiger ökonomischer, politischer und kultureller Krisentendenzen im sozialstaatlich organisierten Kapitalismus. Während jedoch die amerikanischen Neokonservativen zumeist Sozialwissenschaftler und die »Neuen Philosophen« Frankreichs der »haute couture« der Pariser Intellektuellen-Szene entwachsen sind, sind die westdeutschen Gegenintellektuellen der siebziger Jahre zumeist Philosophen (wie Hermann Lübbe, Günter Rohrmoser, Nicolaus Lobkowicz, Robert Spaemann, Reinhart Maurer, Odo Marquard, Ernst Vollrath oder Klaus Hartmann), viele Historiker und Journalisten (wie Thomas Nipperdey, Klaus Hildebrand, Ch. Maier, Golo Mann, Ernst Nolte, Joachim C. Fest, Andreas Hillgruber oder Michael Stürmer), Juristen (wie Martin Kriele), vereinzelte Politikwissenschaftler (wie Alexander Schwan, Wilhelm Hennis oder Bernard Willms) und Soziologen, die keine sein wollen und sich als »Antisoziologen« verstehen (wie Friedrich H. Tenbruck oder Helmut Schelsky). Mit ganz wenigen Ausnahmen ist der *kulturelle Hintergrund* durch die *deutschen Geisteswissenschaften* geprägt. Sie sind zu einem großen Teil Schüler der Mandarine, die nach dem Krieg eine funktionalistische Modernisierung der Geisteswissenschaften (s. o. S. 63, 103 f.) eingeleitet haben. Das unterscheidet sie von immanenten Kritikern oder Neugründern von Geisteswissenschaft und philosophischer Hermeneutik wie z. B. Gadamer oder Apel.

Die deutschen Gegenintellektuellen stehen in einer affirmativen Kontinuität zum Mandarinentum. Das erklärte Ziel der Antisoziologen ist beispielsweise nicht die Abschaffung der Soziologie, sondern die Wiederherstellung der durch »Amerikanisierung« (Tenbruck) unterbrochenen Kontinuitäten unserer eigenen, deutschen, geisteswissenschaftlichen Soziologie. Wilhelm Hennis hat, nicht ohne Erfolg, für die Weberforschung die Parole ausgegeben, »macht mir den Nietzsche stark«, um endlich von der, seit Marcuses Vortrag auf dem Soziologentag 1964 in Heidelberg üblich gewordenen Frage nach gesellschaftlicher Rationalität und Rationalisierung im Werk Webers wegzukommen. Der Nietzsche-Weber jedenfalls ist für nationale Rezeptionen anschlußfähiger. Eher komisch, sieht man einmal von der Aggression im antisemitischen Unterton ab, war Schelskys späte Verteidigung seines Lehrers Freyer gegen Plessner. Schelsky, der »nach wie vor« »Demokratie« und »Volksgemeinschaft« »für das Gleiche« hält, sieht in Plessner und verwandten Soziologen wie Adorno, Horkheimer und René König nur »Antifaschisten«, »Deutschenhasser« und Vertreter einer »formalen, parteigesinnungshaften Demokratie« am Werk. Sein Versuch nun, Freyers Engagement unter den Nazis als inhaltlich-innere Demokratie zu deuten, bliebe eine eher rührend sentimentale Geste dem verehrten Lehrer gegenüber, würde Schelsky nicht im selben Atemzug Plessner vorwerfen, sich in der Emigration bereichert zu haben: »Helmuth Plessner hat in seiner Emigration in Holland von dem emigrierten Maler Max Beckmann so viele Bilder erworben, daß ihm später der Verkauf auch nur einiger den Bau eines sehr modernen und kostspieligen Hauses in Göttingen erlaubte. Freyer hat nach 1945 nur in Etagenmietwohnungen gelebt.« Bei Tenbruck ist der antisoziologische Affekt mittlerweile in blindwütigen Antiamerikanismus umgeschlagen, der sich nicht scheut, in einem im Duktus des Staatsanwalts verfaßten Aufsatz über George Herbert Mead die geringere Weltgeltung der deutschen gegenüber der amerikanischen Soziologie mit dem »internationalen Boykott über die deutsche Wissenschaft«

im »Versailler Vertrag« zu erklären. Entsprechend sind seine Anklagepunkte gegen Mead in dieser Reihenfolge: »Naturalismus«, »Präsentismus«, »Szientismus«, »Soziologismus«, »Amerikanismus« (und zwar der ganz schlimme aus dem mittleren Westen).[104]

Im Unterschied zu ihren deutschen Kameraden folgen die (nun auch nicht mehr ganz so) neuen amerikanischen Gegenintellektuellen, wie Steinfels und Dubiel gezeigt haben, alle ihrem Klassiker Schumpeter. Sie werden zu Gegenintellektuellen durch eine Politisierung der elitetheoretisch gedeuteten, professionellen Expertenrolle. Sie *politisieren die Spannungen, die zwischen der wissenschaftlichen und der intellektuellen Transformation der Philosophie bestehen*, indem sie das Muster des *elitären Szientismus* zur öffentlichen Klage über die Rolle der modernen Intellektuellen mobilisieren. Als politisierende Geisteswissenschaftler führen die deutschen Gegenintellektuellen ein anderes Muster in den Kampf um die kulturelle Hegemonie. Sie *politisieren die Spannungen zwischen Natur- und Geisteswissenschaften*, wobei sie die Sozialwissenschaften den positivistischen Naturwissenschaften zurechnen. Das unterscheidet sich erheblich von den traditionellen amerikanischen Frontstellungen, in denen die »humanities« gewöhnlich Domänen egalitärer Szientismus- und intellektueller Zeitkritik sind.

Man sollte allerdings die Unterschiede zwischen deutschen und amerikanischen Neokonservativen nicht in der Weise übertreiben, wie Habermas das gelegentlich getan hat. Lübbe hat damals gleich dagegen protestiert und auf engem atlantischem Schulterschluß bestanden. Das hat, *auch* historisch, trotz der offensichtlichen Differenzen (z. B. darin, ob jemand schon vor 1945 liberaler Antikommunist war oder erst nach 1945), einigen Augenschein für sich. Schließlich entstammt Schumpeter, dessen elitär zynische Intellektuellenschelte zum Paradigma für die amerikanischen Neokonservativen wurde, dem kulturellen Kontext der deutschen Mandarine, den er selbst (ähnlich wie Robert Michels fast eine Generation früher) mit geprägt hat. Sein sozialdarwinistisches Weltbild ist ganz auf die metaphysische Unentrinnbarkeit des sozialen Schicksals nivellierender Rationalisierung fixiert. Da er aber die Weberschen Grundsätze einer wertfreien Ökonomie immer beherzigt hat, war Schumpeter die geeignete Figur, in der sich die Ideologie der deutschen Mandarine mit amerikanischem Pragmatismus endlich verbündete. So gesehen scheint sich Schumpeters Einfluß auf die Intellektuellen und späteren Gegenintellektuellen unter den amerikanischen Sozialwissenschaftlern einer einzigartigen *doppelten Vermittlungsleistung* zu verdanken: Er synthetisiert nicht nur Sozialwissenschaften und aggressiven Antiintellektualismus, sondern führt zugleich wichtige Elemente der deutschen Mandarinenkultur in die New Yorker Intellektuellensubkultur ein. Für neokonservative Anschlüsse waren diese Elemente jedenfalls weit besser geeignet als die idealistischen Inhalte oder Fragestellungen, die Mead oder selbst Parsons aus dem mitteleuropäischen Kontext aufgriffen und in die amerikanische Soziologie verpflanzten. Als Schumpeter 1932 als fünfzigjähriger und weithin berühmter Mandarin Deutschland verließ, um einem Ruf nach Harvard zu folgen, war er ein offener Sympathisant der Nazis, der am 20. Juni in seiner Bonner Abschiedsrede diese Sympathien noch einmal mit der Ideologie der Mandarine begründet: »Stellen Sie sich die *heutige Lage unseres Vaterlandes* vor! Wir stehen einer gewaltigen Bewegung gegenüber, die einzigartig ist in der Geschichte. Nie ist es einer Organisation gelungen, gegenüber den etablierten Parteien sich durchzusetzen. Dieser gewaltige Machtapparat gleicht einem Ungeheuer von unendlichem Impuls, und er *kann für das deutsche Volk Katastrophe oder Glorie bedeuten,* je nachdem er verwendet wird. Aber *wie wichtig wäre es, wenn dieser Koloß ökonomisch richtig beraten wäre; und wenn es unter ihnen Leute gäbe, die nationalsozialistisch fühlen und trotzdem die ökonomische Technik nicht verachten – welche ungeheuren subjektiven Möglichkeiten für einen jungen Mann!* Man bedeutet nur dort etwas, wo noch nichts durchdacht ist. Daß man sich Parteien zuwenden soll, die nicht-rationale Programme haben, haben alle bedeutenden Politiker gewußt. Benjamin Disraeli ist Konservativer geworden, weil dahinter diese schönen Gentlemen stehen, die das richtige Gefolge für einen Mann von Format sind.«[105] An diese einleuchtende Verbindung von Nationalsozialismus und Konservatismus mußte Schumpeter, gewiß ein Mann von Format, sich freilich nicht gebunden fühlen, hatte er doch in demselben Vortrag mit dem Realismus des Mandarins klar erkannt, daß es »zu unseren Lebenslügen« »gehört«, »daß unsere Persönlichkeit eine Einheit sei. Wir sind verschiedene Leute zu verschiedenen Zeiten, in verschiedenen Stimmungen, und auch, wenn wir auf verschiedenen Ebenen argumentieren.« Schumpeters zynischer Abschied vom deutschen Idealismus fand seine Fortsetzung freilich nicht in den deutschen Geistes-, sondern in den amerikanischen Sozialwissenschaften, und von daher, so weit muß Lübbe widersprochen werden, begründen sich nach wie vor die Unterschiede.

Während die amerikanischen Gegenintellektuellen ihre Truppen in den Sozialwissenschaften ausbilden, schicken ihre deutschen Bündnispartner Truppen ins Feld der praktischen Diskurse, die ihre Grundausbildung unter Obhut der Mandarine in den philosophischen Geisteswissenschaften hatten.

Dazu abschließend drei Thesen:

1. Die deutschen Gegenintellektuellen variieren Deutungsmuster, die in ihrer Tiefenstruktur mit der Ideologie der Mandarine identisch geblieben sind. Der westdeutsche Gegenintellektuelle ist eine Figur im Spiel der antiintellektuellen Transformation des deutschen Idealismus (»Nichts Neues«).

2. Dieser kulturelle Entwicklungsprozeß folgt einem pathologischen Muster, dessen Möglichkeiten mit der Figur des gegenintellektuellen Ideologieplaners erschöpft zu sein scheinen (»Ende der Entwicklung«).

3. Der internen Erschöpfung der geistigen Möglichkeiten

korrespondiert sozial die Ortlosigkeit der Mandarinenrolle. Nach einer erfolgreichen Institutionalisierung der Intellektuellenrolle müssen Neokonservative *entweder Intellektuelle werden oder professionelle Experten bleiben.* Das platonische Wächteramt hat seinen Sitz im Leben verloren und ist seit dem jüngsten kulturellen Modernisierungsschub nicht mehr zu besetzen – es sei denn in den Träumen putschistischer Abenteurer von einer präventiven Konterrevolution (»Ortlose Klagen«).

(1) Nichts Neues

In ihrer Tiefenstruktur ist die antiintellektuelle Transformation des deutschen Idealismus eine fortschreitende Formalisierung und Entleerung der tragenden idealistischen Grundbegriffe der *Totalität* (Synthese) und der *Praxis* (Handlung). Im Idealismus war die Substanz dieser Begriffe, ihr Inhalt, die *Vernunft*. Totalität war vernünftige Totalität, was immer Analyse, Negativität, Kritik und »Verstand«, kurz: Intellektualität, impliziert hatte. Hegel schreibt ausdrücklich: »Die Vernunft ohne Verstand ist nichts, der Verstand doch etwas ohne Vernunft. Der Verstand kann nicht geschenkt werden.« Ebenso war Praxis vernünftige Praxis, ihr Telos immer das autonome Handeln, nämlich vernünftige Freiheit. Die Transformation des Idealismus in die Ideologie des Mandarinentums ist fortschreitende Formalisierung und Entleerung von dessen rationalistischer Substanz. Die Vernunft wird abgetragen. Was bleibt, sind Begriffshülsen, die, mit beliebigen Inhalten (Sein, Existenz, Entscheidung, Mythos, Wille, Leben etc.) gefüllt, dann wie das ganz Echte und eigentlich Konkrete erscheinen, das Schluß macht mit dem abstrakten Universalismus und Rationalismus der »Ideen von 1789«. Aus dem Totalitätsbegriff wird nach Abzug der Vernunft das leere Universalschema der *Synthese* oder *Geisteswissenschaft als Ideologie*, aus dem Praxisbegriff nach derselben Operation die *existentielle Entscheidung* oder *»politischer Existentialismus«*. Geistige Synthesen sollen im Rückgriff auf Traditionsbestände oder Ursprüngliches (Mythos etc.) die Trennungen und Teilungen der Moderne überwinden, zurücknehmen oder ausgleichen. Sollen sie praktisch durchgesetzt werden, bedarf es im Ernstfall souveräner Akte, des entschlossenen Handelns und der bindenden Entscheidung. Mit dem alten Idealismus ist diese Ideologie in gleicher Weise verbunden »wie eine Karikatur mit einem Original« (Ringer).

Die Politisierung des elitären Antiszientismus führt zu *zwei* eher *»realistischen«* und zu *zwei* eher *totalitären* Grundtypen.

In der *realistischen* Variante führt das Programm einer *Geisteswissenschaft mit geistespolitischem Auftrag* zur Strategie des *Modernitätstraditionalismus* (Lübbe, Marquard). Modernisierungskosten sollen durch den Rückgriff auf geschichtliche Synthesen ausgeglichen, Zivilisationsschäden durch Kultur und Bildung geheilt werden. In erzählten Geschichten wird die synthetische Kraft kollektiver Vergangenheiten orientierungspraktisch wirksam. Das ist der geistespolitische Auftrag der Geisteswissenschaften. In den zwanziger Jahren war immer nur eine Minderheit der Mandarine, die »Vernunftrepublikaner« (wie der oben zitierte Fr. Meinecke), für die die Demokratie zu den notwendigen Übeln der Moderne gehört, in diesem Sinne realistisch. Die geistige Synthese zum Ausgleich solch notwendiger Übel war damals immer eine mehr oder minder maßvolle Gestalt des nationalen Selbstbewußtseins plus orientierungspraktisch führender, geistiger Elite (die »Geistesaristokratie« der Mandarine) mitsamt dem exklusiven Bildungskontext einer affirmativen Kultur. Was sich daran bei den heutigen Gegenintellektuellen geändert hat, ist außer Pathos und Patina nicht viel mehr als das Zahlenverhältnis. Heute ist die Mehrzahl der Gegenintellektuellen eher realistisch. Sie haben sich ins Unvermeidliche gefügt und akzeptieren Kapitalismus, Ingenieur und Parlament, am besten als positiven Wert und kritiklos hinzunehmende Vorgegebenheit. Beim Erfinden synthetischer Traditionen zwecks Modernisierungskostenausgleich stoßen die neuen Gegenintellektuellen natürlich immer wieder wie von selbst auf »Staatsbewußtsein«, »Staatsräson« und »Nationalbegriff«.[106] Das setzt *Geschichtsrevisionismus* größeren Stils voraus, die »Entsorgung der Vergangenheit« (Dubiel/Frankenberg). So erinnert sich der Historiker Michael Stürmer der »zerstörten Mitte Europas«, Preußens, Bismarcks, Luthers und »der stolzen Lehren der Ranke-Schule und des deutschen Historismus«, die der Amerikanismus hinweggefegt habe: »Mit gut genährten GI's und Care-Paketen kam aus Amerika die Botschaft, daß moderne Sozialtechnologie die Geschichte heilen könne, daß die Soziologie die neue Theologie sei, und daß ihr Gott der mächtigste von allen sei.« Das war natürlich der »Preis«, den »ein geschlagenes Volk zu zahlen« hatte. Aber 40 Jahre später stehen im Aufwind des wiedererwachten Modernitätstraditionalismus die Zeichen auf Geschichtsrevision: »daß der Abschied von der bisherigen Geschichte [...] durch neues Nachdenken über die gesamte deutsche Geschichte ergänzt und korrigiert werden muß«, um »den Zielpunkt 1933 zu revidieren«. Die Botschaft kennen wir schon: die der »diskreten Kumpanei«. Sie heißt Apologie des historischen Kompromisses der Nachkriegszeit: »Die Verankerungen, die Zukunft und Vergangenheit verbinden, müssen geprüft und neu befestigt werden.« Dieses parteiliche Interesse des empirischen Geschichtswissenschaftlers Stürmer verankert der Philosoph Lübbe in einem passenden kategorischen Imperativ: »Vorweganerkennung [...] herkunftsgeschichtlicher Identität«.[107] Im Klartext meint Lübbe damit nichts anderes als die Einführung einer »Zustimmungs*pflicht*« nicht etwa zu abstrakten Rechtsnormen, sondern zur konkreten »Geschichte der Bundesrepublik« in ihrer staatstragenden, geschichtsrevisionistischen Lesart (s. o. S. 110 f.).

Die Parole, den »Zielpunkt 1933 zu revidieren«, bedeutet genau dies: die Suche nach Vergangenheiten, die durch die zwölf Jahre nach 1933 nicht kompromittiert und noch kulturell lebendig waren, einzustellen oder an den Rand zu drängen, um die in den zwölf Jahren hoffnungslos *kompromittierten Traditionen* der Mandarine wieder *anschlußfähig zu machen*. Die Last der Kompromittierung aber wälzt sich am besten ab, wenn es gelingt, deren *Ursache* in ein anderes, neues, milderes Licht zu rücken. Wie geht das am besten, ohne auf das Stereotyp von den Autobahnen des »Führers« zurückzugreifen? – Nun, am geeignetsten ist immer noch der bewährte Einstieg über das Totalitarismusschema. Am Rußlandfeldzug war nicht alles falsch, die Opfer hatten einen guten Sinn. Von Ernst Jünger über Joachim C. Fest bis zu Andreas Hillgruber haben die deutschen Konservativen immer wieder verkündet, was ja auch die alten Kameraden von der Waffen-SS immer schon gedacht haben: Wir haben im Osten den Westen verteidigt, Hitlers Sechste Armee war so gesehen eine NATO-Einheit. »Im weiteren Sinne aber war ganz Europa der Verlierer der Katastrophe von 1945.« Das ist für Andreas Hillgruber die Erfassung des »Ganzen« und der »Tiefendimension des Geschehens«. Schließlich hat das Deutsche Reich, die »europäische Mitte«, immer die Rolle des »Vermittlers« zwischen Ost und West gespielt, »auch«, und darauf *insistiert* Hillgruber, »während der nationalsozialistischen Herrschaft«, unter der die »Verbindungen« zwischen Ost und West freilich, so gibt der Historiker zu bedenken, »deformiert gewesen sein mochten«. Nicht etwa 1933, erst »1945« ist die »Vermittler-Rolle« des Deutschen Reiches »für das übrige Europa« »mitzerstört worden«. Man verändert den »Zielpunkt 1933« in der Geschichte – nicht anders als beim Radrennen –, indem man ihn um zwölf Jahre nach vorn verschiebt. Neuer Zielpunkt ist dann der Einfall der roten Kosaken nach Westen und die Zerstörung der »europäischen Mitte« 1945.

Ist der Zielpunkt erst einmal verschoben, ist alles weitere ein Kinderspiel, und die Vergangenheit wird nun auf ganzer Breite anschlußfähig. Hillgruber zitiert *Auschwitz* als Namen für den »Massenmord an den europäischen Juden«, schon auf der nächsten Seite steht *Nemmersdorf* für ein vergleichbar »ungeheures Geschehen«, wie der Historiker sich immer wieder düster ausdrückt: »ein Bild des Entsetzens von (durch Soldaten der Roten Armee, – H. B.) vergewaltigten und ermordeten Frauen und Kindern.«[108] So haben die Mandarine immer gedacht. Als Heidegger nach dem Krieg (am 20. 1. 1948) an Marcuse schrieb, daß alles, was über die Ausrottung der Juden gesagt werde, genauso für die Alliierten gelte, wenn man statt »Juden« »Ostdeutsche« schreibe, erklärte ihm Marcuse in seinem Antwortbrief vom 13. Mai 1948, warum *er*, der mit diesem Brief die wieder angeknüpfte Beziehung zu Heidegger endgültig abbrach, es für begründet halte, am »Zielpunkt 1933« der deutschen Geschichte festzuhalten: »Die Welt sieht heute so aus, daß in dem Unterschied zwischen Nazi-Konzentrationslagern und den Deportierungen und Internierungslagern (der Alliierten – H. B.) [...] schon der ganze Unterschied zwischen Unmenschlichkeit und Menschlichkeit liegt. Auf der Basis ihres Arguments hätten die Alliierten Auschwitz und Buchenwald mit allem, was darin vorging, für jene ›Ostdeutschen‹ und die Nazis beibehalten sollen – dann wäre die Rechnung in Ordnung! Wenn aber der Unterschied zwischen Unmenschlichkeit und Menschlichkeit auf diese Unterlassung reduziert ist, dann ist dies die weltgeschichtliche Schuld des Nazi-Systems. [...] vielleicht erleben wir noch die Vollendung dessen, was 1933 begonnen wurde. Ob Sie sie wiederum als ›Erneuerung‹ ansprechen werden, weiß ich nicht.«

Im mittlerweile heftig geführten Streit um den »Geschichtsrevisionismus« unter den deutschen Historikern versammelt sich die revisionistische Partei unter der Losung: *Einheit, Mitte, Wende*. Das aber ist das semantische Erbe der deutschen Mandarine: In moderaterem Ton als 1914 ist die heutige Rede von der Wende ganz wie seinerzeit eine, die »geistige« Einheit fordert und die die Gewichte von Einheit und Freiheit eben wegen der vorgeblich prekären »Mittellage« Deutschlands zugunsten von Einheit verschieben möchte.

Als soziale Pessimisten nehmen die Revisionisten den nächsten Völkermord zwar nicht billigend, aber doch resignativ in Kauf: Sie »beugen sich der Einsicht, daß der Genozid, den er (Hitler – H. B.) ins Werk setzte, nicht der erste war und auch nicht der letzte« – so Joachim Fest in der FAZ vom 29. August 1986.

Wenn sich auch an den ideologischen Versatzstücken selbst, wenn man die damalige Minderheitsfraktion der Realisten mit der heutigen Mehrheit unter den Konservativen vergleicht, nicht viel geändert hat, so hat sich doch die *Stellung* des Gedankens *zu* seinen ideologischen Inhalten grundlegend *gewandelt*. Diejenigen, die noch, wie es bei den alten Mandarinen durchgängig der Fall war, die jeweils favorisierte geistige Synthese mit *Wahrheits-* oder doch zumindest *Authentizitätsanspruch* vertreten würden, sind heute in der Minderheit, und sie sind wie der platonisierende Metaphysiker Robert Spaemann oder der skeptische Humanist Odo Marquard, der als einziger die Lehren vom Modernitätslastenausgleich mit intellektuellem Witz zu popularisieren versteht, eher Hilfstruppen, grob gesagt, die »nützlichen Idioten« (Lenin) der *Strategen* und *Ideologieplaner*. Deren Stellung zur Objektivität ist *reflektiv* und *funktionalistisch*. Traditionsorientierte Kompensationsleistungen werden *beliebig*, man nimmt sie da, wo man sie kriegen kann. So empfiehlt Lübbe die im deutschen Militarismus und in den Kommandos der Nazis verschlissenen Sekundärtugenden des Heldentums, der soldatischen Tapferkeit usw. einfach daher zu nehmen, wo sie noch authentisch geblieben sind, nämlich aus dem Beispiel des jüdischen Widerstands gegen den Völkermord. So denkt er an einen entsprechend volkspädagogisch begleiteten ideologischen Einsatz beispielsweise des »Holocaust«-Films zu Zwecken der Stabilisierung alter deutscher Tugenden. Geschichtlichkeit wird zur strategisch verschiebbaren Manipulationsmasse.

Ideologieplanung soll die von Orientierungskrisen geschüttelten Akteure gegen die Zumutungen diskursiver Rationalität und intellektueller Wühlarbeit immunisieren: »Resistenz gegen die Neigung« erzeugen, »Geschichten, die unsere Identität konstituieren, eine Rationalität von Handlungsvorgängen aus zustimmungsfähigen Zielen und Plänen zu unterschieben«.[109] Ein solcher Funktionalismus paßt freilich nicht schlecht zu den Kalkülen neoliberaler Wirtschaftspolitik. An die Stelle sozialstaatlicher Kompensationsleistungen treten geistige. Oder mit Michael Stürmer: »Der Mensch lebt nicht vom Brot allein« – und, wie wir ergänzen dürfen, ideologische Ausgleichszahlungen sind allemal kostengünstiger als materielle Sozialleistungen. Dieser strategische Funktionalismus ist es übrigens, der Gadamers Hermeneutik für gegenintellektuelle Anträge taub und unbrauchbar macht.

Nun gibt es eine zweite *realistische* Version des Programms einer Geisteswissenschaft mit geistespolitischem Auftrag. Sie kann aus dem Modernitätstraditionalismus durch *existentialistische Reduktion* des Begründungsproblems, d. h. durch dessen dezisionistischen Abbruch operativ erzeugt werden. Die Rückgriffe auf den politischen Existentialismus von Carl Schmitt und Ernst Forsthoff machen Modernitätstraditionalisten zu *autoritären Legalisten*. An die alte Rechtsstaatsideologie der Mandarine anschließend, die vom absoluten Vorrang der Rechtsstaatlichkeit vor Demokratie und Sozialstaat, vor libertären und egalitären Grundrechten ausgeht, hat der autoritäre Legalismus in Westdeutschland eine Rehabilitierung von Carl Schmitt ermöglicht. Er ist unter konservativen Staatsrechtslehrern besonders beliebt und eignet sich vor allem für die Strategie innerstaatlicher Feinderklärungen und zur Stabilisierung wahnhafter Bürgerkriegsprojektionen, in denen libertäre und egalitäre Intellektuelle zu Generälen im kulturrevolutionären Sturm auf den Legalismus der parlamentarischen Verfassungsordnung avancieren.[110] Der alte Freund/Feind-Schematismus wird regelmäßig mit Dichotomien wie »totalitäre« vs. »liberale Demokratie« (Lübbe) stabilisiert. Die mit dem diskreten Charme des Nachkriegsmandarins verschwiegene Parole des autoritären Legalismus lautet: Wenn schon Demokratie, dann wenigstens eine mit starkem Staat. Schon 1965 hat Hermann Lübbe die Wahrheit des politischen Existentialismus wiederentdeckt und Carl Schmitts Dezisionismus in die damals noch moderat konservative, praktische Philosophie der Modernitätstraditionalisten integriert. Zustimmungspflichten zur konkreten Geschichte setzt man eben am besten mit starkem Staat und Staatsräson, die Polizei nicht zu vergessen, durch.

Was bei den alten Mandarinen, als sie begannen, militant und politisch zu werden, also seit 1914, von einer überwältigenden Mehrheit getragen wurde, ist heute eher das Programm einer Minderheit. Aber die Übergänge sind durchaus fließend. Die klassische Formel für eine *totalitäre* Politisierung der Geisteswissenschaften ist jene von der *»geistigen Revolution«*. Sie hatte schon den patriotischen Rausch der »Ideen von 1914«, bereits damals als »Wende« gefeiert, beflügelt, und ihr Geist markiert die Stellungen einer sozialpathologischen Realitätsverleugnung, in die sich die deutsche Professorenschaft nach 1918 eingegraben hatte. »Geistig« sollte die »Revolution« der Professoren sein, weil sie insbesondere eins nicht sein wollte: sozial. Heute ist – im süddeutschen und südwestdeutschen Raum, auch im politischen Sinne – der Philosoph Günter Rohrmoser die einflußreichste Figur eines vergleichbaren Programms. Hier ist vor allem der große Schwung der geistigen Synthesen des Mandarinentums noch nicht ganz in Vergessenheit geraten. Während nämlich die Geschichtsmetaphysik vom großen Kulturverfall (im Stile Spenglers) bei Lübbe und Gesinnungsfreunden allenfalls in einer geschichtsphilosophisch depotenzierten »juste milieu«-Version übriggeblieben ist (Verfall der heilen politischen Nachkriegskultur im »Dolchstoß« des »Bösen« von 1968), liebt Rohrmoser noch die große geschichtsphilosophische Geste eines christianisierten und rationalistisch enthaupteten Rechtshegelianismus. Es geht um nicht weniger als die Rettung des christlichen Abendlands vor der nagenden Zersetzung durch herrschsüchtige Intellektuelle. Der ideologische Kern ist immer die Stilisierung des modernen bürokratischen Staatsapparats und/oder der kapitalistischen Wirtschaftsordnung zur höheren sittlich-ethischen Totalität. Der »sittliche Staat« verkörpert das »höhere Recht« gegen eine libertäre Kultur und (nie zu vergessen) den »kollektiv praktizierten Materialismus«. Natürlich bedarf es dazu einer Korrektur des »nationalen Identitätsverlusts« und des starken Staats, der den, der sich »weigert«, »Legalität als legitim anzuerkennen«, zum Feind im Bürgerkrieg erklärt. Hier werden die Übergänge zum autoritären Legalismus und zum Modernitätstraditionalismus an den rechten Rändern fließend. »Mut zur Erziehung« war in den siebziger Jahren der Schlachtruf, der alle Fraktionen einte. Der Unterschied liegt in der metaphysischen oder religiösen Überhöhung des Staats (oder wie bei dem Spaemann-Schüler Koslowski: der Marktwirtschaft) zum »geistig-moralischen« Zentrum des Ganzen. So soll's mit Gottes Segen in die Schlacht gegen die schreckliche »diskursive Vernunft« gehen. Bei Rohrmoser verdichtet sich diese Art schlechter Metaphysik zur Vision einer präventiven Konterrevolution, in der der Philosoph, wie einst der Mandarin beim alten Kaiser, von der Rolle des platonischen Wächters im modernen Sicherheitsstaat träumt.[III]

Von der orthodoxen Mehrheit des Mandarinentums und ihren wolkigen Schwärmereien von geistiger Revolution war es in den zwanziger Jahren immer nur ein kurzer Weg in den *pseudoegalitären Antiintellektualismus* der (stets mehr oder minder rassistischen) Volksgemeinschaftsideologien. So ist es geblieben. Durch *existentialistische Radikalisierung* wird aus der totalitären Version des Programms einer »Geisteswissenschaft mit geistespolitischem Auftrag« ein Programm der Neuen Rechten. Damals schon hatte der »›Idealismus‹ der chauvinistischen und völkischen Bewegung [...] den Idealismus des Mandarinentums wie ein leicht verzerrtes Echo« (Ringer) begleitet. Heute bieten Verhaltensforscher wie Konrad Lorenz und seine Schüler soziobiologische Empfehlungen zum »Ausländerproblem« feil. Meist freilich kommt die Botschaft nur bei isolierten und in Westdeutschland bedeutungslosen Rechtsradikalen an. Für einen wirklich ernst zu nehmenden Vormarsch der Neuen Rechten (der beispielsweise mit Le Pen in Frankreich vergleichbar wäre) jedenfalls gibt es vorerst keine Anzeichen. Nur wenige unter den prominenteren Gegenintellektuellen neigen zu einer Radikalisierung der totalitären Variante »geistiger Synthese« mit Hilfe von Carl Schmitt *und* Konrad Lorenz, wie der Bochumer Politologe Bernard Willms. Eine rechtspopulistische Aufwertung der Volks-Kategorie deutet freilich auch Günter Rohrmoser an, wenn er den Intellektuellen droht, »das Volk« werde eines Tages »nicht länger bereit sein«, den »Preis der Freiheit« zu zahlen.

Der harte Kern: Kapitalismus minus Aufklärung

Alle Spielarten des elitären Antiintellektualismus, der der Entwicklungslinie einer rationalistisch depotenzierten Transformation des deutschen Idealismus folgt, stimmen in *zwei Grundannahmen* überein:
  1. *Die ökonomische Kerngestalt des Kapitalismus bleibt in allen Varianten und Strömungen* dieses Denkens *unangetastet*. Wie (rechts)radikal oder eskapistisch-nostalgisch oder metaphysisch auch immer die konservative Kulturkritik an den Folgen der kapitalistischen und bürokratischen Modernisierung sich ins Zeug legt, am Ende bleibt auch die »konservative Revolution« in den kapitalistischen Bahnen der Modernisierung. Sie bleibt »geistig«: der *kapitalistische Kern* mit der Basisinstitution der freien Lohnarbeit wird nicht umgewälzt, sondern *umgedeutet* und (je nach Spielart) von störenden und zersetzenden Elementen *gesäubert*. Das hat Herbert Marcuse schon 1934 am Kampf der totalitären Staatsauffassung gegen den Liberalismus gezeigt. Auch wenn der institutionelle Kern des Kapitalismus sich nach dem zweiten Demokratisierungsschub von 1949 um das parlamentarische Reprä-

sentativsystem erweitert, bleibt die restriktive Tendenz immer gegen die kulturellen Errungenschaften und Modernisierungsleistungen des »Liberalismus« gerichtet. Von dem Negativkatalog dessen, was das alte totalitäre Programm als »liberal« denunziert, muß man »nur« das »Parteiensystem« streichen (was natürlich keineswegs wenig ist!) und der *Mentalitätskern*, der das neokonservative Denken von heute mit jenem von damals vereint, ist freigelegt: die (abstrakten) »›Ideen von 1789‹, [...] Humanismus und Pazifismus, westlicher Intellektualismus, selbstsüchtiger Individualismus, Auslieferung der Nation und des Staates an die Interessenkämpfe bestimmter gesellschaftlicher Gruppen, abstrakte Gleichmacherei, Parteiensystem, Hypertrophie der Wirtschaft über den Staat, zersetzender Technizismus und Materialismus.«[112] Den Pluralismus von Interessengruppen lassen die heutigen Ideologieplaner zwar im Prinzip gelten, ihr Weltbild ist weit weniger harmonistisch als das der alten Mandarine, aber sie diskutieren doch den alten Primat des »Politischen« unter dem Stichwort der »Unregierbarkeit«.

2. Nicht nur die funktionalistischen Ideologieplaner, alle Versionen und Strömungen des elitären Antiintellektualismus setzen *kompensatorisch* an den Fehlentwicklungen, Krisen und der selbstdestruktiven Dialektik der Moderne an. Sie suchen im Vormodernen Ersatz für das, was sie auch einer unverkürzten Aufklärung (und gerade ihr) nicht mehr zutrauen, die Versöhnung der entzweiten Moderne. Was sie *preisgegeben* haben, ist die *Idee einer möglichen Selbstkorrektur des Fortschritts*, die die Mittel zu einer solchen Korrektur aus sich selbst und nur aus sich selbst schöpft.

(2) Ende der Entwicklung

Mit der Figur des gegenintellektuellen Ideologieplaners kommt die Entwicklungspathologie des modernen Mandarins an ihr gleichsam natürliches Ende, das kulturelle Muster schöpft letzte Möglichkeiten aus, um den Schrecken vor der Autonomie doch noch zu bannen. Vergegenwärtigen wir uns noch einmal die hauptsächlichen Entwicklungsstufen.

I. In der ersten Entwicklungsphase, zwischen 1820 und 1890, wird der Mandarin nach und nach zum Kristallisationspunkt der symbolischen Macht kultureller Hegemonie. Die Mandarine wachsen unbewußt in die latent bleibende Kompensationsfunktion hinein. Im Deutschen Reich Bismarcks füllen sie bald die Legitimationslücke zwischen auseinanderdriftender moderner Gesellschaftsformation und vormodern eingefrorenen Verständigungsverhältnissen. Der Mandarin entwickelt ein politisches Bewußtsein seiner neuen Rolle zwischen geistiger Aristokratie und, so noch 1985 Joachim C. Fest auf der Feier Golo Manns, »Autorität im Geistigen«. Aber sein Selbstverständnis bleibt »unpolitisch«, »machtgeschützte Innerlichkeit« (Th. Mann). Motive zur politisch-praktischen Intervention bilden sich mit den Legitimationskrisen und äußeren Gefährdungen spätestens seit der Jahrhundertwende.

II. Sozialdemokratie, Weltkrieg, Revolution und Inflation treiben den Mandarin zur immer radikaleren Flucht nach vorn in eine Phase der *naiven Politik der Geisteswissenschaftler*. Sie beginnt in den *Krisen* der neunziger Jahre und jagt nach 1914 von Höhepunkt zu Höhepunkt, bis es dann 1933 und schließlich 1945 mit der Ideologiepolitik der Professoren vorerst vorbei ist. Nun ist die Zeit gekommen, einen Schritt zurückzutreten und in den anfangs kalten Seminarräumen einen reflexiven Neuanfang zu suchen.

III. Unter den beschriebenen Bedingungen des historischen Kompromisses der Nachkriegszeit und im Schatten des Verdrängungsantikommunismus gelingt eine *selbstreferentielle Stabilisierung* der alten kulturellen Hegemonie. Die übriggebliebenen Mandarine werden sich allmählich ihrer eigenen Kompensationsfunktion bewußt. Leider kommt das Grau in Grau der Selbstreflexion erst auf den richtigen Begriff, nachdem die lebendige Mandaringestalt alt geworden ist. Ihren an der Vergangenheit orientierten Arbeiten ist durchaus ein resignativer Zug eigentümlich. Als dann der Verdrängungskompromiß zerbricht und die Kultur der Mandarine unter sich begräbt, drängt es die Schüler zur konterrevolutionären Tat. Aber sie wissen mit der Hinterlassenschaft ihrer Lehrer dann nichts Besseres anzufangen, als sie in einem sinnlosen Theorieputsch zu verspielen.

IV. Sie glauben, endlich die eigene Rolle durchschaut zu haben. Die Kompensationsfunktion mobilisieren sie nicht länger (wie noch auf Stufe II) bloß faktisch und indirekt, *indem* sie für eine Ideologie in die Schlacht ziehen, an deren Wahrheits- und Erlösungswert sie selber glauben. Diesen blauäugigen Glauben hat die Gruppe der Ideologieplaner verloren und durch die Reflexion einer *generalisierten Kompensationsfunktion* ersetzt. Von nun an wird nicht mehr fundamentalistisch für eine bestimmte Ideologie oder Tradition und gegen eine oder alle andern gefochten. Der Ideologieplaner streitet für *Ideologie schlechthin*. Welcher Traditionsbestand die Kompensationsfunktion erfüllt, ist ihm im Prinzip egal – Hauptsache, irgendeine Tradition. Im Streit der vielen Götter, in den, nach Webers verzweifelter Diagnose, der stolze Monotheismus der alten protestantischen Welt im Fortgang der modernen zerfallen mußte, sind die neuen Gegenintellektuellen nicht länger Streiter für ihren je eigenen Gott. Sie sind *Polytheisten aus Prinzip*. Jede Ideologie und jeder Gott ist ihnen für den Zweck der privatisierten Sinnstiftung gut genug, wenn er nur das eine leistet: die Traditionslöcher zu stopfen, die eine kulturrevolutionär fortschreitende Aufklärung unter Führung der Intellektuellen fortwährend reißt. Alle Ideologien sind, in der Sprache des Historismus: »unmittelbar zu Gott« (Ranke), oder in der nüchternen Sprache der Systemtheorie: funktionale Äquivalente zur Kompensation »temporaler Identitätsdiffusion« (Lübbe). Um die Ideologie-Front zu stabilisieren und die präventiven Gegenschläge zu koordinieren, bedarf es »institutionell gesicherter Bemühungen« (vor allem Bildungs- und Medienpolitik, neohistorische Stadtplanung und kommunale Kulturpolitik) *und* einer strategischen Grundregel, das ist die sogenannte »Beweislastverteilungsregel«, die je bestehende Verhältnisse und Traditionen von jedem Legitimationsanspruch entlastet. Jedes noch so gut begründete Ansinnen, in Politik oder Wissenschaft etwas zu verändern und zu reformieren, kann dann in letzter Instanz immer mit dem logisch unwiderlegbaren Argument zurückgewiesen werden, es könnten Nebenfolgen auftreten, die schlimmer sind als die Leiden, die das Bestehende verursacht. So können jene, die das jeweils Überlieferte verteidigen, alles dabei belassen, wie es ist, wenn *sie* wollen, daß es so bleibt, wie es ist. Weil sie verlangen, was es nicht geben kann, den risikoentlasteten Fortschritt, wird die Beweislastverteilungsregel zur *Regel der unbestimmten Affirmation*. Sie versorgt den Ideologieplaner mit der flexiblen Rhetorik, die er braucht, um die zum Preis herabgesetzter Rationalitätsansprüche feilgebotenen Traditionsversatzstücke doch noch wirksam an den Mann zu bringen.

Mit Stufe IV der reflexiven Praxis gegenintellektueller Ideologieplaner sind jedoch die Möglichkeiten des ursprünglich aus dem Geist des deutschen Idealismus (in der rechten Hegel-Schule) geborenen Konservatismus erschöpft. Was bleibt, ist die Frage, ob die Kompensationspolitik nach der Regel der unbestimmten Affirmation auch wirklich funktioniert.

(3) Ortlose Klage

Ich werde diese Frage in drei Teile zerlegen:
1. *Ist Ideologieplanung logisch möglich?* – Hier geraten Geisteswissenschaftler, die nun einmal qua Geisteswissenschaft aus einem hermeneutischen Selbstverständnis nicht entlassen werden können, in die größten Schwierigkeiten. Ihr ganzes Pathos und, wenn sie schon auf die Wahrheitsansprüche glauben verzichten zu können, die Glaubwürdigkeit ihres

ideologischen Vortrags stehen und fallen mit dem Zirkel gewisser *unvermeidlicher Vorverständnisse*, nicht kontingenter Vorgeschichten, kurz: daß Tradition und Geschichte und auch die Geschichten, in denen wir sie uns erzählen, nichts sind, was wir beliebig manipulieren und planen könnten. Das haben die Intellektuellen ja von den Hermeneutikern lernen müssen. Wenn nun politisierende Geisteswissenschaftler sich ein funktionalistisches Verständnis von Ideologie und Tradition zu eigen machen und Ideologie*planer* werden, dann müssen sie permanent *pragmatische Selbstwidersprüche* produzieren, und sie tun es und nehmen, wie wir am Beispiel von Lübbes Berliner Vortrag über den diskreten Kompromiß der Mandarine gesehen haben, um der Ideologie willen das Schlimmste in Kauf, was einem Philosophen passieren kann: Widersprüche.

Der einzige Ausweg, den es dann noch gibt, wäre, für den, der *Ideologieplaner bleiben will*, der Abschied von den Geisteswissenschaften und die Konversion ausgerechnet zur *Soziologie*, zum *Systemfunktionalismus*.

Dann freilich wäre es mit dem Pathos des neokonservativen Ideologen ein für allemal vorbei. Die Frage nach »dem Ort der Intellektuellen im sozialen System« (Parsons) müßte aus einer Ressentiments bewegenden, gegenintellektuellen Feindprojektion zu einer schlicht empirischen werden. Mit der moralisierenden Rolle des Teilnehmers in praktischen Diskursen, die als Schlachtfelder mißverstanden werden, auf denen es um die semantische Macht im Staate geht, wär's vorbei. Der Traum vom platonischen Wächteramt des Philosophen, wenn's schon zum Königtum nicht mehr langt, wäre ausgeträumt. Was bliebe, wäre ein Beraterjob in den Planungsbüros für den Wahlkampf der Parteien oder die Marktstrategien von Medienkonzernen. Aus dem Gegenintellektuellen wäre ein professioneller *Experte* geworden, der eine neutralisierte Beobachterperspektive mit der experimentellen Haltung des Ingenieurs verbindet. *Das* hätten die Ideologieplaner schon 1962 bei Luhmann, dem sie ja sonst manches abgeschaut haben, lernen können. Ideologieplanung verträgt sich nicht mit einem öffentlich engagierten Pathos, das an Wahrheitsansprüche appellieren muß, um nicht so hohl zu klingen wie das des gegenwärtigen westdeutschen Bundeskanzlers. Der Ideologieplaner muß auf alle traditionellen Wahrheitsansprüche, die noch die Geisteswissenschaft *als* Ideologie in den Bahnen einer *Transformation* des Idealismus gehalten hat, verzichten und Funktionalist werden:

»Die Erhaltung der Macht des Fürsten oder – wie wir jetzt abstrakter und zeitgemäßer sagen würden – des Bestandes der Organisation fungiert als Gesichtspunkt, von dem aus die begrenzte Bedeutung einer ideologischen Wertorientierung aufgedeckt und untersucht werden kann. So erscheint Ideologie unter Leistungsgesichtspunkten als ergänzungsbedürftig, änderbar, ja unter Umständen als ersetzbar. [...] Ideologien sind bisher ethisch und kognitiv immer an den traditionellen Wahrheitsideen gemessen worden, die in der ontologischen Metaphysik verankert waren. Von daher erschienen sie als suspekt, als Zeichen einer Kulturkrise, als Symptom eines Verlustes an echten Lebensinhalten und an glaubwürdigem Sinn. Unsere Überlegungen führen uns vor die Frage, ob dieses Mißverhältnis zwischen Ideologie und Wahrheit vielleicht nicht ein Unzureichen des ideologischen Denkens, sondern vielmehr ein Überholtsein der überlieferten metaphysischen Bestimmung der Wahrheit von ontologischen Prämissen her an den Tag bringt. Ideologien erweisen sich Tag für Tag als lebenskräftig: Von einem Ende des ideologischen Zeitalters kann keine Rede sein. Richtig ist nur, daß der ideologische Eifer erlahmt (weil er nicht mehr benötigt wird) und durch eine routinierte Pflege ideologischer Orientierungen ersetzt wird. Gerade sie bedarf zu ihrer vollen Entfaltung eines ausgearbeiteten Wissens um die Funktion von Ideologien. Und sie muß die Techniken funktionaler Analyse beherrschen lernen.

Darüber hinaus müssen die Ideologieplaner sich von dem Gefühl einer kognitiven und ethischen Minderwertigkeit befreien, ohne indes in die Naivität absoluten Wertglaubens zurückzufallen. Das kann nur durch eine (natürlich funktionalistische – H. B.) Kritik der traditionellen Wahrheitslehre geschehen.«[113]

Zumindest logisch möglich ist Ideologieplanung also nur für Funktionalisten und nicht in den Bahnen geisteswissenschaftlich geprägter Ideologie. Das führt uns zum zweiten Teil der Frage.

2. *Ist der Erfolg kompensatorischer Traditionsbildung empirisch wahrscheinlich?* – Kaum. *Ein* groß angelegter Versuch dieser Art ist in Westdeutschland ja schon gescheitert, nämlich den historischen Kompromiß der Nachkriegszeit in Bitburg 1985 auf NATO-Niveau zu erneuern, und das Scheitern des nächsten Versuchs, etwas Ähnliches mit der Errichtung einer wuchtigen nationalen Gedenkstätte in Bonn zu erreichen, kündigt sich an. Das hat einen simplen Grund: nach 1945 gibt es keine geschichtlichen Kontinuitäten mehr, die durch die zwölf Jahre von 1933 bis 1945 hindurchgegangen sind und trotzdem integrativ fortwirken könnten, es sei denn um den Preis massiver Sozialpathologien. Ebensowenig können noch so gut aufgezogene Ideologiekampagnen für die Erneuerung der alten Werte in der Erziehung viel verändern, wenn sich erst einmal posttraditionale Erziehungsstile und Sozialisationsmuster in größerem Ausmaß und nicht nur in den Mittelschichten durchzusetzen begonnen haben. Hier wird die Klage ortlos, weil sie sich gegen (jedenfalls mit gewaltlosen Mitteln) kaum reversible säkulare Trends und evolutionär durchgesetzte Strukturmuster richtet.

Auch mit Blick auf das einheimische Reich des Mandarins, die Geisteswissenschaften, sieht es, was die Kompensationsfunktion angeht, eher trübe aus. Zwar verhalten sich Natur- und Geisteswissenschaften in gewisser Hinsicht komplementär zueinander. Sind erstere über technische Interessen in der Lebenspraxis verankert, so letztere über ein praktisches Orientierungsinteresse.

Aber *erstens* ist das Wissen, das die Geisteswissenschaften selbst erzeugen, so kognitiv wie jenes der Naturwissenschaften. Es ist posttraditional, innovativ und läßt in seinem Fortgang, dem der Naturwissenschaften ganz analog, das geisteswissenschaftliche Wissen rasch veralten: alle 10 Jahre, mindestens, ein ganz neuer Nietzsche und sogar verschiedene gleichzeitig – und das alles bereits mit den Mitteln von Philologie und Textinterpretation.

Zweitens ist die dichotomisierende Komplementärstellung von Natur- und Geisteswissenschaften ein Relikt des alten Gegensatzes von Kultur und Zivilisation aus den düsteren Zeiten professoraler Kulturkritik. Jedenfalls ist die alte Dichotomisierung der »zwei Kulturen« der faktisch in der westlichen Welt längst durchgesetzten Trichotomisierung in Natur-, Sozial- und Geisteswissenschaften ganz unangemessen.

Drittens ist das idyllische Bild narrativer Geistes- und Geschichtswissenschaften, an dem deutsche Gegenintellektuelle sich im antisoziologischen Affekt gern wärmen, seit geraumer Zeit aus der Wirklichkeit des Wissenschaftsbetriebs verschwunden, wo heute vielfach eher die produktive Durchdringung von natur-, sozial- und geisteswissenschaftlichen Methoden und Modellen auf der Tagesordnung steht.

So müssen die gegenintellektuellen Ideologieplaner, wenn sie denn Geistes*wissenschaftler* bleiben wollen, auf die Begründung ihrer Ideologenrolle durch die höheren Weihen der Wissenschaft verzichten und – ohne kognitive oder ethische Minderwertigkeitsgefühle – das sein, was sie sind: Ideologen.

Offensichtlich *gibt es* für den zerfallenen Himmel der Werte mit Kaiser und Gott, Religion und Erbsünde *keinen* Ersatz. Mit Luhmann, der ihnen sonst ja eher nahesteht, sollten sie sich nicht länger gegen die soziale Tatsache sperren, daß es zum postkonventionellen, autonomieorientierten Stil des moralischen Argumentierens offensichtlich keine Alternative gibt, denn: »Ein modernes funktionales Äquivalent für Erbsünde ist bis heute nicht in Sicht.«[114]

Damit kommen wir zur letzten Frage:

3. *Ist ideologische Kompensation überhaupt notwendig?* – Sie ist es nicht. Wenn wir die Prämisse des Systemtheoretikers von der komplexen Gesellschaft ohne Zentrum (aber mit sozialen Klassen) akzeptieren, seine These aber, ihr fehle die Vernunft, zurückweisen und statt dessen die These verteidigen, wirklicher »Ausgleich« für die Beschädigungen der Moderne sei, wenn überhaupt, nur auf einem Weg zu erreichen: durch die institutionell geschützte Entfesselung der intersubjektiven Rationalität autonomer Öffentlichkeiten; wenn wir diese beiden Prämissen, die der *dezentrierten* Gesellschaft und die der *sozialintegrativen Kräfte diskursiver Rationalität* akzeptieren, was gewiß nicht wenig ist, dann ist leicht ersichtlich, daß ideologische Kompensation von Vernunft *und* Tradition durch *geplante* Tradition auf eine Zerstörung genau derjenigen sozialintegrativen Kräfte zutreibt, die am Ende, nachdem die Bindungskraft der Mächte der Vergangenheit erlahmt und unwiederbringlich dahin ist, das »Ganze« noch zusammenhalten könnten, ohne die einzelnen zu zerdrücken.

Schon 1834, drei Jahre nach Hegels Tod und 24 Jahre nach Gründung der Berliner Universität, hat ein Intellektueller und Schüler Hegels die Selbstwidersprüche einer reflexiv gewordenen Kompensationstheorie ironisch (am Beispiel eines gegenaufklärerisch mißverstandenen Kant) aufgedeckt. Als es mit der faktischen Kompensationsfunktion der »Ideologie des Mandarinentums« gerade erst anfing, spottete Heinrich Heine über die, die die gesellschaftliche Modernisierung (die »theoretische Vernunft«) wollen und dann vor den rationalen Kräften der kulturellen Modernisierung (im Namen einer vor-kantischen und nach-aufklärerischen »praktischen Vernunft«) zurückschrecken, die doch die einzigen sind, die der modernen Gesellschaft vielleicht doch noch den Schrecken nehmen könnten:

»Ihr meint, wir könnten jetzt nach Hause gehn? Beileibe! Es wird noch ein Stück aufgeführt. Nach der Tragödie kommt die Farce. Immanuel Kant hat bis hier den unerbittlichen Philosophen traciert, er hat den Himmel gestürmt, er hat die ganze Besatzung über die Klinge springen lassen, der Oberherr der Welt schwimmt unbewiesen in seinem Blute, es gibt jetzt keine Allbarmherzigkeit mehr, keine Vatergüte, keine jenseitige Belohnung für diesseitige Enthaltsamkeit, die Unsterblichkeit der Seele liegt in den letzten Zügen – das röchelt, das stöhnt –, und der alte Lampe steht dabei mit seinem Regenschirm unterm Arm, als betrübter Zuschauer, und Angstschweiß und Tränen rinnen ihm vom Gesichte. Da erbarmt sich Immanuel Kant und zeigt, daß er nicht bloß ein großer Philosoph, sondern auch ein guter Mensch ist, und er überlegt, und halb gutmütig und halb ironisch spricht er: ›Der alte Lampe muß einen Gott haben, sonst kann der arme Mensch nicht glücklich sein – der Mensch soll aber auf der Welt glücklich sein – das sagt die praktische Vernunft – meinetwegen – so mag auch die praktische Vernunft die Existenz Gottes verbürgen.‹ Infolge dieses Arguments unterscheidet Kant zwischen der theoretischen Vernunft und der praktischen Vernunft, und mit dieser, wie mit einem Zauberstäbchen, belebte er wieder den Leichnam des Deismus, den die theoretische Vernunft getötet.«

Heine vergaß freilich nicht, die Frage hinzuzufügen: »Hat vielleicht Kant die Resurrektion nicht bloß des alten Lampe wegen, sondern auch der Polizei wegen unternommen?«

Anmerkungen

1 Hannah Arendt, *Über die Revolution*, München 1965, S. 96.
2 Vgl. H. Brunkhorst, *Dialektischer Positivismus des Glücks. Max Horkheimers materialistische Dekonstruktion der Philosophie*, in: Zeitschrift für philosophische Forschung, Bd. 39, Heft 3, 1985, S. 353 bis 381.
3 Kracauer in: M. Stark, *Deutsche Intellektuelle 1910-1933*, Heidelberg 1984, S. 366.
4 A. a. O., S. 364.
5 A. a. O., S. 365.
6 A. a. O., S. 366.
7 A. a. O., S. 367.
8 G. W. F. Hegel, *Werke* 2, Frankfurt 1970, S. 558.
9 So Helmut Schelsky in einer Replik auf Kritiker seines Buches: *Die Arbeit tun die anderen. Klassenkampf und Priesterherrschaft der Intellektuellen*, Opladen 1975, zit. n. W. Lepenies, *Die drei Kulturen. Soziologie zwischen Literatur und Wissenschaft*, München 1985, S. 421.
10 M. Stürmer, *Suche nach der verlorenen Erinnerung*, in: Das Parlament 17/24. Mai 1986, S. 1.
11 M. Weber, *Gesammelte Aufsätze zur Religionssoziologie*, I, Tübingen 1978, S. 410. Auch Carl Grünberg nennt 1924, in seiner »Festrede zur Einweihung des Instituts für Sozialforschung«, die deutschen Universitäten »*Mandarinenausbildungsanstalten*« (Frankfurter Universitätsreden XX, S. 5). Grünberg spricht durchaus affirmativ vom »Mandarinat« und gibt ihm eine funktionalistische Deutung.
12 E. Burke, *Betrachtungen über die französische Revolution*, Frankfurt 1967.
13 P. Steinfels, *The Neo-Conservatives*, New York 1979, S. 188, 192.
14 W. Dilthey, *Über die Möglichkeit einer allgemeingültigen pädagogischen Wissenschaft*, in: F. Nicolin, *Pädagogik als Wissenschaft*, Darmstadt 1969, S. 36.
15 H. Nohl, *Das Verhältnis der Generationen in der Pädagogik*, in: H. Röhrs, *Erziehungswissenschaft und Erziehungswirklichkeit*, Frankfurt 1967, S. 32.
16 Die Zitate stammen neben Heuss von Wilhelm Stapel, Oskar Schmitz, Oswald Brüll, O. Flake, J. A. Lux u. a., in: M. Stark, a. a. O., S. 66, 70, 73, 77, 90, 95, 101, 163, 191, 193, 315.
17 M. Scheler, *Die Zukunft des Kapitalismus und andere Aufsätze*, München 1979, S. 83 ff.
18 Anonymus, *Intellektuelle und Proletarier oder das System der Ent-*

mündigung, in: Stark, a. a. O., S. 163, 159.
19 Wilhelm Stapel, *Warum Thomas Mann uns nicht überredet, Deutsches Volkstum,* Heft 1: 1923, in: Toni Kaes, *Weimarer Republik, Manifeste und Dokumente zur Deutschen Literatur 1918-1933,* S. 51 f.
20 Stark, a. a. O., S. 329 (Benn), 91 (Flake).
21 H. v. Treitschke, *Unsere Aussichten,* in: W. Boehlich (Hg.), *Der Berliner Antisemitismusstreit,* Frankfurt 1965, S. 12.
22 K. C. Köhnke, *Entstehung und Aufstieg des Neukantianismus,* Frankfurt 1986, S. 431.
23 *Briefwechsel zwischen Wilhelm Dilthey und dem Grafen Paul Yorck v. Wartenburg 1877-1897,* hg. v. E. Rothacker, Halle 1923, S. 30.
24 In: Stark, a. a. O., S. 321, 320; zur Metapher der »Leere« vgl. auch M. Brumlik, *Bindungslosigkeit und Unheimlichkeit – Fremdenprojektion als passive Phantasie unausgefüllter Räume,* in: Brunkhorst/Brumlik, *Kultur, Identität Fremdheit, Studienbrief »Kultur und Kulturelle Identität«,* Fernuniversität Hagen 1985, S. 53 ff.
25 Vgl. Stark, a. a. O., S. 68, 70, 308 f., 318 f., 331, 333, u. a.
26 Zur Metapher der »positiven Mittelstandspolitik« vgl. den immer noch aktuellen Aufsatz von S. Kracauer, *Aufruhr der Mittelschichten. Eine Auseinandersetzung mit dem »Tat«-Kreis,* in: ders., *Das Ornament der Masse,* Frankfurt 1963, S. 99.
27 Vgl. Stark, a. a. O., S. 173 ff., 264, 268, 275 f, 301, 335.
28 Kurt Tucholsky, *Die Rolle der Intellektuellen in der Partei,* in: Stark, a. a. O., S. 346 f.
29 H. Marcuse, *Diskussionsbeitrag,* in: *Am Beispiel Angela Davis. Der Kongreß in Frankfurt,* Frankfurt 1972, S. 148 f.
30 Zumindest implizit unterscheidet Klaus Eder ähnlich zwischen Übergangsform und Pathologie: *Geschichte als Lernprozeß? Zur Pathogenese politischer Modernität in Deutschland,* Frankfurt 1985.
31 Zur analytischen Rekonstruktion dieses Begriffs vgl. Martin Löw-Beer, *Selbsttäuschung,* Diss. phil., Frankfurt 1982.
32 K. Sontheimer, *Zwei deutsche Republiken und ihre Intellektuellen,* in: *Merkur* 413/1982, S. 1071.
33 J.-P. Sartre, *Der Intellektuelle und die Revolution,* Neuwied 1971, S. 11 ff.; ders., *Von Ratten und Menschen,* in: A. Gorz, *Der Verräter,* Frankfurt 1980. S. 30.
34 Vgl. M. Weber, *Religionssoziologie I,* a. a. O., S. 252 ff., zur Identifikation von »Intellektualisierung« und »Entzauberung«: *Wissenschaft als Beruf,* in: ders., *Schriften zur theoretischen Soziologie, zur Soziologie der Politik und Verfassung,* Frankfurt 1947; S. 8, zur »schlichten intellektuellen Rechtschaffenheit« a. a. O., S. 31; zum »Kulturmenschentum«: ders., *Wirtschaft und Gesellschaft,* Bd. II, Tübingen 1956, S. 737.
35 H. Marcuse, *Der Kampf gegen den Liberalismus in der totalitären*

Staatsauffassung, in: *Zeitschrift für Sozialforschung*, 2/1934, S. 171 (Fußnote).
35 a M. Weber, *Religionssoziologie I*, a. a. O., S. 253 f.
36 Marcuse, *Philosophie und kritische Theorie*, a. a. O., Jg. 6: 1937, S. 632.
37 K. Eder, *Geschichte als Lernprozeß?*, a. a. O., S. 129.
37 a Talcott Parsons, *The social system*, New York 1964, S. 366 f.
38 J.-P. Sartre, *Von Ratten und Menschen*, a. a. O., S. 27.
39 K.-O. Apel, *Transformation der Philosophie*, 2 Bde., Frankfurt 1973.
40 Apel, Bd. 1, S. 11; R. Rorty, *The historiography of philosophy: four genres*, in: Rorty/Schneewind/Skinner (Hg.), *Philosophy of History*, Cambridge (Mass.) 1984, S. 49-75.
41 Rorty, a. a. O., S. 72 ff.
42 Vgl. R. Rorty, *Der Spiegel der Natur*, Frankfurt 1981; E. Tugendhat, *Vorlesungen zur Einführung in die sprachanalytische Philosophie*, Frankfurt 1976.
43 Vgl. H. Arendt, *Vita activa*, München 1981, S. 25, 30.
44 H. Marcuse, *Philosophie und kritische Theorie*, a. a. O., S. 635.
45 K. C. Köhnke, a. a. O., S. 28, 37, 137, 177 f, 203, 209 u. a.
46 Vgl. H. Brunkhorst, *Dialektischer Positivismus*, a. a. O.; ders., *Paradigmakern und Theoriendynamik einer Kritischen Theorie der Gesellschaft – Personen und Programme*, in: Soziale Welt, 1/1983, S. 22-56; ders., *Mehr als eine Flaschenpost. Kritische Theorie und Sozialwissenschaften*, in: *Adorno-Konferenz 1983*, hg. v. L. v. Friedeburg/J. Habermas, S. 314-326.
47 Ch. S. Peirce, *Schriften I*, Frankfurt 1967, S. 349, 362, 364.
48 K. R. Popper, *Logik der Forschung*, Tübingen 1971, S. 31.
49 J. Schumpeter, *Kapitalismus, Sozialismus und Demokratie*, München 1950, S. 428.
50 *Briefwechsel*, a. a. O.
51 Vgl. Wolf Lepenies, *Die drei Kulturen*, a. a. O., S. 377 ff.
52 Zit. n. K. C. Köhnke, a. a. O., S. 530.
53 E. Zola, »*J'accuse!*«, in: S. Tahlheimer (Hg.), *Die Affäre Dreyfus*, München 1963, S. 185 ff.
54 A. a. O., S. 165 f.
55 Vgl. Stark, a. a. O., S. 35, 350.
56 H. Brunkhorst, *Romantik und Kulturkritik*, in: *Merkur*, 6/1985, S. 484-496.
57 Vgl. hierzu A. Honneth, *Kritik der Macht*, Frankfurt 1985, Kap. 2. – Honneth vernachlässigt allerdings die Unterschiede zwischen politischer und ästhetischer Avantgarde. So entgeht ihm, daß Adorno »das Soziale« keineswegs in derselben Weise »verdrängen« muß wie Lukács, wenn er es denn verdrängt. Jedenfalls verkürzt das Organisationsmodell bei Lukács das Soziale faktisch auf instrumentelles

Handeln, das aber tut Adornos Künstler nicht – insofern ist man keineswegs genötigt, Adorno auf den Weg in eine alle Wirklichkeit unbestimmt negierende, mimetische Versöhnung zu folgen. Natürlich ist die Formulierung vom »Gesamtsubjekt« verräterisch, aber anders als Lukács macht Adorno sich, um den Preis des Fragmentarischen und Aporetischen, nie die systematischen philosophischen Ansprüche der idealistischen Rede vom »Subjekt« zu eigen. Dem will die negative Dialektik gerade entgehen, wie erfolgreich sie dabei ist, ist freilich eine andere Frage.

58 In: Stark, a. a. O., S. 345.
59 W. Mackenthun/K. Röttgers, *Intelligenz, Intelligensia, Intellektueller*, in: *Historisches Wörterbuch der Philosophie*, Bd. 4, Darmstadt 1976, S.454 f.
60 H. Marcuse, *Der Kampf gegen den Liberalismus in der totalitären Staatsauffassung*, a. a. O., S. 162.
61 Alfred Bäumler, *Männerbund und Wissenschaft*, Berlin 1934, S. 94 u. 108.
62 Carl Schmitt, *Staat, Bewegung, Volk*, Hamburg 1933, S. 42.
63 Eduard Spranger, *Die Bedeutung der wissenschaftlichen Pädagogik für das Volksleben*, in: H. Röhrs, *Erziehungswissenschaft und Erziehungswirklichkeit*, a. a. O., S. 14.
64 Michael Stürmer, *Weltpolitik um 1900 – der deutsche Sündenfall?*, in: *Merkur* 413/1982, S. 1072 ff.
65 J. Möser, *Sämtliche Werke*, Berlin 1942, II, S. 20 f; V, S. 73 f.
66 Zit. n. M. Freund, *George Sorel*, Frankfurt 1932, S. 215.
66 a Max Weber, *Religionssoziologie I*, a. a. O., S. 404.
66 b A. a. O., S. 396.
66 c A. a. O., S. 409.
67 Monika Weichert von Hassel, *Gymnasium und Politik 1864-1944*, Flensburg 1980.
68 F. Ringer, *Die Gelehrten*, Stuttgart 1983, S. 10.
69 T. Parsons, *Soziologische Theorie*, Neuwied 1964, S. 265.
70 Vgl. H. Schnädelbach, *Geschichtsphilosophie nach Hegel. Die Probleme des Historismus*, Frankfurt 1974.
71 J. Klüver, *Universität und Wissenschaftssystem*, Frankfurt/New York 1983.
72 Carlo Mierendorf, *Die Konferenz zu Berlin*, in: Stark, a. a. O., S. 150.
73 A. Weber, *Die Not der geistigen Arbeiter*, München 1823, zit. n. T. Kaes, *Weimarer Republik. Manifeste und Dokumente*, a. a. O., S. 73.
74 H. Freyer, *Der politische Begriff des Volkes*, in: *Deutsche Hefte für Volks- und Kulturbodenforschung*, 3/1933, S. 204 und: ders., *Tradition und Revolution im Weltbild*, in: *Europäische Revue* 10/1934, S. 75; vgl. a. O. Rammstedt, *Deutsche Soziologie 1933-1945*, Frank-

furt 1986, S. 123.
75 Wie zuletzt die Fallstudie über die »Soziologie« des Dritten Reiches von Otthein Rammstedt ein weiteres Mal sehr klar beweist.
76 H. Marcuse, *Der Kampf gegen den Liberalismus*, a. a. O., S. 194.
77 K. Fischer, *Immanuel Kant*, Mannheim 1860, S. 85; vgl. a. K. C. Köhnke, *Entstehung und Aufstieg des Neukantianismus*, a. a. O., S. 195 ff.
78 Vgl. K. C. Köhnke, a. a. O., S. 219-221.
79 Fritz Fischer, *Bündnis der Eliten*, Düsseldorf 1979, S. 31.
80 W. J. Mommsen, *Max Weber und die deutsche Politik 1890-1920*, Tübingen 1974, S. 74 ff.; Max Weber, *Gesammelte politische Schriften*, München 1971, S. 14.
81 Vgl. K. Mollenhauer, *Erziehung und Emanzipation*, München 1968, S. 120 f.; ders., *Anmerkungen zu einer pädagogischen Hermeneutik*, in: *Neue Sammlung* 4/1985, S. 420 ff.
82 Gertrud Koch, *Der höhere Befehl der Frau ist ihr niederer Instinkt. Frauenhaß und Männermythos in Filmen über Preußen*, in: *Preußen – Versuch einer Bilanz*, Bd. 5: Preußen im Film, Reinbek 1981, S. 219, 221.
83 H. A. Winkler, *Der deutsche Sonderweg: Eine Nachlese*, in: *Merkur* 399/1981, S. 793 ff.
84 K. Wagenbach u. a. (Hg.), *Vaterland, Muttersprache. Deutsche Schriftsteller und ihr Staat von 1945 bis heute*, Berlin 1979, S. 136.
85 In: R. Erd (Hg.), *Reform und Resignation*, Frankfurt 1985, S. 246 f.
86 Hans Sedlmayr, *Die Revolution der modernen Kunst*, Köln 1985, S. 148.
87 Hans Freyer, *Über das Dominantwerden technischer Kategorien in der Lebenswelt der industriellen Gesellschaft*, Mainz 1960: Akademie der Wissenschaften und der Literatur, Abhandlungen der Geistes- und sozialwissenschaftlichen Klasse, S. 551.
88 Julius Drechsler, *Anthropologie und Pädagogik*, in: H. Röhrs, *Erziehungswissenschaft und Erziehungswirklichkeit*, a. a. O., S. 341 ff.
89 J. Ritter, *Metaphysik und Politik. Studien zu Aristoteles und Hegel*, Frankfurt 1977, S. 170; zu Heidegger vgl. S. 342 f. sowie schon Ritters Antrittsvorlesung von 1933: *Über den Sinn und die Grenze der Lehre vom Menschen*, in: ders., *Subjektivität*, Frankfurt 1974.
90 Vgl. Ritter, *Subjektivität*, a. a. O., S. 133, 141 ff.
90 a A. a. O., S. 64, 86.
91 H. Lübbe, *Der Nationalsozialismus im politischen Bewußtsein der Gegenwart*, in: Broszat u. a. (Hg.), *Deutschlands Weg in die Diktatur*, Berlin o. J., S. 343.
92 K. Sontheimer, *Intellektuelle in zwei Republiken*, a. a. O., S. 1069.
92 a A. a. O., S. 334 f.
93 Köhnke, a. a. O., S. 258, 247.

94 Vgl. Köhnke, a. a. O., S. 247, 233.
95 A. a. O., S. 240 f.
96 Ringer, a. a. O., S. 187; Chr. Müller/J. Staff (Hg.), *Staatslehre in der Weimarer Republik*, Frankfurt 1985.
96 a Ringer, a. a. O., S. 343.
97 Ian Kershaw, *The Persecution of the Jews and German Popular Opinion in the Third Reich*, in: Leo Baeck Institute Year Book 26/1981.
98 J. Habermas, *Philosophisch-politische Profile*, Frankfurt 1981, S. 62; D. Horster, *Habermas*, Hannover 1980, Interview v. 23. 3. 1979, S. 71 f.
99 H. Tietgens, *Studieren in Bonn nach 1945*, in: Kuhlmann/Böhler (Hg.), *Kommunikation und Reflexion*, Frankfurt 1982, S. 733 ff.
100 J. Habermas, *Politik, Kunst, Religion*, Stuttgart 1978, S. 5.
101 W. Becker, *Kritische Theorie. Die »Frankfurter Schule« und ihr Einfluß auf die kulturelle und politische Öffentlichkeit*, in: W. Grasskamp (Hg.), *Deutsche Kunst im 20. Jahrhundert. Malerei und Plastik 1905-1985*, Prestel-Verlag, S. 89.
102 J. Habermas, *Die Neue Unübersichtlichkeit*, Frankfurt 1985, S. 54.
103 N. Luhmann, *Rechtssoziologie* II, Reinbek 1972, S. 333-335.
104 W. Hennis, *Nietzsches Genius im Werk Max Webers*, in: FAZ v. 7. 12. 85; G. Stauth/B. S. Turner, *Nietzsche in Weber oder die Geburt des modernen Genius im professionellen Menschen*, Zeitschrift für Soziologie 2/1986, S. 81 ff.; H. Schelsky, *Rückblicke eines »Anti-Soziologen«*, Opladen 1981, darin: »Die verschiedenen Weisen, wie man Demokrat sein kann. Erinnerungen an Hans Freyer, Helmuth Plessner und andere«, S. 134 ff.; F. H. Tenbruck, *George Herbert Mead und die Ursprünge der Soziologie in Deutschland und Amerika*, in: H. Joas (Hg.), *Das Problem der Intersubjektivität*, Frankfurt 1985, S. 203, 208.
105 J. A. Schumpeter, *Das Woher und Wohin unserer Wissenschaft*. Abschiedsrede gehalten vor der Bonner staatswissenschaftlichen Fachschaft am 20. Juni 1932, in: J. A. Schumpeter, *Aufsätze zur ökonomischen Theorie*, Tübingen 1952, S. 606, das folgende Zitat: S. 600. Für diesen Hinweis auf Schumpeter (ebenso wie für den auf den oben zitierten Aufsatz von Theodor Litt) bin ich meinem Kollegen Hans-Georg Backhaus dankbar.
106 M. Stürmer, *Wem gehört die deutsche Geschichte?*, in: H. Windelen (Hg.), *Deutsche Identität heute*, Stuttgart 1983, S. 63, die folgenden Zitate: S. 62 f, 52, 64.
107 H. Lübbe, *Geschichtliche Identität und Kontingenz*, in: U. Oelmüller (Hg.), *Normen und Geschichte*, Paderborn 1979, S. 55.
108 A. Hillgruber, *Zweierlei Untergang. Die Zerschlagung des Deutschen Reiches und das Ende des europäischen Judentums*, Berlin

1986, S. 18, 19, 73, 35; zu Hillgruber vgl. a.: M. Brumlik, *Neuer Staatsmythos Ostfront*, in: *taz*-Magazin v. 12. 7. 86, S. 14 f.
109 Lübbe, a. a. O., S. 58.
110 M. Kriele, *Frieden im Lande*, in: *Das Parlament* v. 1. 10. 83.
111 G. Rohrmoser, *Ideologische Ursachen des Terrorismus*, in: *Ideologien und Strategien*, Opladen 1981, S. 274 ff.; P. Koslowski, *Die Grenzen der ökonomischen Theorie*, in: *Merkur* 439/440, 1985, S. 906 ff.; ders., *Die Baustellen der Postmoderne*, in: *Neue Zürcher Zeitung* 12./13. April 1986.
112 H. Marcuse, *Der Kampf gegen den Liberalismus*, a. a. O., S. 164.
113 N. Luhmann, *Soziologische Aufklärung* 1, Opladen 1975, S. 61, 63 f.
114 N. Luhmann, *Ökologische Kommunikation*, Opladen 1986, S. 231.

edition suhrkamp. Neue Folge

Abelshauser, Wirtschaftsgeschichte der Bundesrepublik Deutschland 1945–1980 241
Abish, Quer durch das große Nichts 163
Achebe, Ein Mann des Volkes 84
Achebe, Okonkwo oder das Alte stürzt 138
Afonin, Im Moor 96
Alter, Nationalismus 250
Alves, Neigung zum Fluß 83
Alves, Maanja 159
Ammann (Hg.), Randzonen 219
Antes, Poggibonsi 1979–1980 35
Arlati, Auf der Reise nach Rom 53
Aron/Kempf, Der sittliche Verfall 116
Backhaus, Marx und die marxistische Orthodoxie 43
Bade, Europäischer Imperialismus im Vergleich 271
Badura (Hg.), Soziale Unterstützung und chronische Krankheit 63
Barthes, Leçon/Lektion 30
Barthes, Das Reich der Zeichen 77
Barthes, Die Rauheit der Stimme 126
Barthes, Elemente der Semiologie 171
Barthes, Michelet 206
Bayrle, Rasterfahndung 69
Becher, Der rauschende Garten 187
Beckett, Flötentöne 98
Beckett, Mal vu mal dit/Schlecht gesehen schlecht gesagt 119
Benjamin, Moskauer Tagebuch 20
Benjamin, Das Passagen-Werk 200
Berding, Antisemitismus in Deutschland 1870–1980 257
Berghahn, Unternehmer und Politik in der Bundesrepublik 265
Bernhard, Die Billigesser 6
Beti, Remember Ruben 145
Biesheuvel, Der Schrei aus dem Souterrain 179
Blanchard/Koselleck/Streit, Taktische Kernwaffen 195
Blankenburg (Hg.), Politik der inneren Sicherheit 16
Blasius, Geschichte der politischen Kriminalität in Deutschland 1800–1980 242
Bloch, Abschied von der Utopie? 46
Bloch, Kampf – nicht Krieg 167
Blok, Die Mafia in einem sizilianischen Dorf 1860–1960 82
Böhmler, Drehbuch 91
Böni, Hospiz 4
Böni, Alvier 146
Böni, Der Johanniterlauf 198
Bohrer, Plötzlichkeit. Zum Augenblick des ästhetischen Scheins 58
Bohrer (Hg.), Mythos und Moderne 144

Bonß/Heinze (Hg.), Arbeitslosigkeit in der Arbeitsgesellschaft 212
Bornhorn, America oder Der Frühling der Dinge 25
Bornhorn, Der Film der Wirklichkeit 154
Botzenhart, Reform, Restauration, Krise 252
Brackert/Wefelmeyer (Hg.), Naturplan und Verfallskritik 211
Brandt (Hg.), Die Selbstbehauptung Europas 298
Brasch, Engel aus Eisen 49
Braun, Berichte von Hinze und Kunze 169
Brodsky, Der Tatbestand und seine Hülle 114
v. Bruch, Deutsche Universitäten 1734–1980 275
Bürger (Hg.), Zum Funktionswandel der Literatur 157
Bürger/Bürger/Schulte-Sasse (Hg.), Aufklärung und literarische Öffentlichkeit 40
Bürger/Bürger/Schulte-Sasse (Hg.), Zur Dichotomisierung von hoher und niederer Literatur 89
Bulla, Weitergehen 2
Buro/Grobe, Vietnam! Vietnam? 197
Buselmeier, Der Untergang von Heidelberg 57
Buselmeier, Radfahrt gegen Ende des Winters 148
Calasso, Die geheime Geschichte des Senatspräsidenten Dr. Daniel Paul Schreber 24
Carpentier, Stegreif und Kunstgriffe 33
Casey, Racheträume 70
Chi Ha, Die gelbe Erde und andere Gedichte 59
Condori Mamani, »Sie wollen nur, daß man ihnen dient ...« 230
Cortázar, Reise um den Tag in 80 Welten 45
Cortázar, Letzte Runde 140
Dedecius (Hg.), Ein Jahrhundert geht zu Ende 216
Der religiöse Faktor 147
Dippel, Die Amerikanische Revolution 1763–1787 263
Ditlevsen, Sucht 9
Ditlevsen, Wilhelms Zimmer 76
Ditlevsen, Gesichter 165
Doi, Amae – Freiheit in Geborgenheit 128
Dorst, Mosch 60
Duerr (Hg.), Versuchungen. Aufsätze zur Philosophie Paul Feyerabends. 1. Bd. 44
Duerr (Hg.), Versuchungen. Aufsätze zur Philosophie Paul Feyerabends. 2. Bd. 68
Duerr (Hg.), Die wilde Seele 235
Duras/Porte, Die Orte der Marguerite Duras 80
Duras, Sommer 1980 205
edition suhrkamp. Ein Lesebuch 300
Eisenbeis (Hg.), Ästhetik und Alltag 78
Elias, Der bürgerliche Künstler in der höfischen Gesellschaft 12
Enzensberger, Die Furie des Verschwindens 66
Erben/Franzkowiak/Wenzel (Hg.), Die Ökologie des Körpers 234

Erd (Hg.), Reform und Resignation. Gespräche über Franz L. Neumann 239
Esser, Gewerkschaften in der Krise 131
Esser/Fach/Väth, Krisenregulierung 176
Feyerabend, Erkenntnis für freie Menschen 11
Feyerabend, Wissenschaft als Kunst 231
Flemming, Deutscher Konservatismus 1780–1980 253
Foidl, Scheinbare Nähe 237
Frank, Der kommende Gott 142
Frank, Was ist Neostrukturalismus? 203
Frevert, Geschichte der deutschen Frauenbewegung 284
Furtado, Brasilien nach dem Wirtschaftswunder 186
Geyer, Deutsche Rüstungspolitik 1860–1980 246
Glöckler, Seitensprünge 36
Glotz (Hg.), Ziviler Ungehorsam im Rechtsstaat 214
Glück, Falschwissers Totenreden(t) 61
Goffmann, Geschlecht und Werbung 85
Good (Hg.), Von der Verantwortung des Wissens 122
Goytisolo, Dissidenten 224
Greschat, Politischer Protestantismus 288
Grimm, Deutsche Verfassungsgeschichte 1803–1980 272
Guldimann, Moral und Herrschaft in der Sowjetunion 240
Handke, Phantasien der Wiederholung 168
Hänny, Zürich, Anfang September 79
Hänny, Ruch 295
Hardtwig, Vereinswesen in Deutschland 1780–1980 282
Hart Nibbrig, Der Aufstand der Sinne im Käfig des Textes 221
Hart Nibbrig/Dällenbach (Hg.), Fragment und Totalität 107
Heider, Schülerprotest in der Bundesrepublik Deutschland 158
Heimann, Soziale Theorie des Kapitalismus. Theorie der Sozialpolitik 52
Held/Ebel, Krieg und Frieden 149
Hengst (Hg.), Kindheit in Europa 209
Hennig, Der normale Extremismus 162
Henrich, Fixpunkte der Kunst 125
Hentschel, Geschichte der deutschen Sozialpolitik 1880–1980 247
Heusler (Hg.), Afrikanische Schriftsteller heute 92
Hildesheimer, The Jewishness of Mr. Bloom/Das Jüdische an Mr. Bloom (Engl./Dt.) 292
Hinrichs, Die Französische Revolution 1789 280
Hochstätter, Kalt muß es sein schon lang 95
Hörisch, Gott, Geld und Glück 180

Hohendahl/Herminghouse (Hg.), Literatur der DDR in den siebziger Jahren 174
Jackson, Annäherung an Spanien 1898–1975 108
Jarausch, Deutsche Studenten 1800–1970 258
Jasper, Von der Auflösung der Weimarer Republik zum NS-Regime 270
Jendryschik, Die Ebene 37
Jestel (Hg.), Der Neger vom Dienst. Afrikanische Erzählungen 28
Jestel (Hg.), Das Afrika der Afrikaner. Gesellschaft und Kultur Afrikas 39
Johnson, Begleitumstände. Frankfurter Vorlesungen 19
Joyce, Ulysses 100
Joyce, Penelope. Das letzte Kapitel des »Ulysses« 106
Kaelble, Europäische Sozialgeschichte 1880–1980 285
Kahle (Hg.), Logik des Herzens. Die soziale Dimension der Gefühle 42
Kaltenmark, Lao-tzu und der Taoismus 55
Kamper/Wulf (Hg.), Die Wiederkehr des Körpers 132
Kamper/Wulf (Hg.), Das Schwinden der Sinne 188
Kenner, Ulysses 104
Kickbusch/Riedmüller (Hg.), Die armen Frauen 156
Kirchhoff, Body-Building 5
Klöpsch/Ptak (Hg.), Hoffnung auf Frühling. Moderne chinesische Erzählungen I 10
Kluge, Schlachtbeschreibung 193
Kluge, Neue Geschichten 294
Kluge, Die deutsche Revolution 1918/1919 262
Kluxen, Geschichte und Problematik des Parlamentarismus 243
Knopf (Hg.), Brecht-Journal 191
Koch, Intensivstation 173
Koebner (Hg.), »Mit uns zieht die neue Zeit« 229
Köhler u. a., Kindheit als Fiktion. Fünf Berichte 81
Kolbe, Hineingeboren. Gedichte 1975–1979 110
Kolbe, Abschiede und andere Liebesgedichte 178
Konrád, Antipolitik 293
Koppe, Grundbegriffe der Ästhetik 160
Krall, Schneller als der liebe Gott 23
Kraul, Das deutsche Gymnasium 1780–1980 251
Kris/Kurz, Die Legende vom Künstler 34
Kroetz, Nicht Fisch nicht Fleisch. Verfassungsfeinde. Jumbo-Track. Drei Stücke 94
Kroetz, Frühe Prosa/Frühe Stücke 172
Kroetz, Furcht und Hoffnung der BRD 291
v. Kruedener, Deutsche Finanzpolitik 1871–1980 274
Kubin (Hg.), Hundert Blumen. Moderne chinesische Erzählungen II 10
Laederach, Fahles Ende kleiner Begierden 75

Laederach, In extremis 161
Langewiesche, Deutscher Liberalismus 286
Lao She, Das Teehaus 54
Lautmann, Der Zwang zur Tugend 189
Lee, Russisches Tagebuch 194
Lehnert, Sozialdemokratie zwischen Protestbewegung und Regierungspartei 1848–1983 248
Leibfried/Tennstedt (Hg.), Politik der Armut 233
Leisegang, Lauter letzte Worte 21
Lem, Dialoge 13
Leroi-Gourhan, Die Religionen der Vorgeschichte 73
Leutenegger, Lebewohl, Gute Reise 1
Lévi-Strauss, Mythos und Bedeutung 27
Lévi-Strauss/Vernant u. a., Mythos ohne Illusion 26
Lezama Lima, Die Ausdruckswelten Amerikas 112
Link-Salinger (Hyman) (Hg.), Signatur G. L.: Gustav Landauer im »Sozialist« 113
Lönne, Politischer Katholizismus 264
Löwenthal, Mitmachen wollte ich nie 14
de Loyola Brandao, Kein Land wie dieses 236
Lüderssen (Hg.), V-Leute – Die Falle im Rechtsstaat 222
Luginbühl, Die kleine explosive Küche 103
Lukács, Gelebtes Denken 88

Marechera, Das Haus des Hungers 62
Marschalck, Bevölkerungsgeschichte Deutschlands im 19. und 20. Jahrhundert 244
Martin/Dunsing/Baus (Hg.), Blick übers Meer 129
Marx, Enthüllungen zur Geschichte der Diplomatie im 18. Jahrhundert 47
de Mause, Grundlagen der Psychohistorie 175
Mayer, Versuche über die Oper 50
Mayröcker, Magische Blätter 202
McKeown, Die Bedeutung der Medizin 109
Meier, Die Ohnmacht des allmächtigen Dictators Caesar 38
Menninghaus, Paul Celan. Magie der Form 26
Mercier, Beckett/Beckett 120
Mitterauer, Sozialgeschichte der Jugend 278
Möller, Deutsche Aufklärung 1740–1815 269
Mooser, Arbeiterleben in Deutschland 1900–1970 259
Morshäuser (Hg.), Thank you good night 227
Moser, Eine fast normale Familie 223
Moshajew, Die Abenteuer des Fjodor Kuskin 72
Müller-Schwefe (Hg.), Von nun an. Neue deutsche Erzähler 3
Muschg, Literatur als Therapie? 65

Nakane, Die Struktur der japanischen Gesellschaft 204

Ngugi wa Thiong'o, Verborgene Schicksale 111

Ngugi wa Thiong'o, Der gekreuzigte Teufel 199

Niederland, Folgen der Verfolgung: Das Überlebenden-Syndrom. Seelenmord 15

Office of Technology Assessment, Atomkriegsfolgen 296

Oppenheim, Husch, husch der schönste Vokal entleert sich 232

Paley, Veränderungen in letzter Minute 208

Paz, Suche nach einer Mitte 8

Paz, Der menschenfreundliche Menschenfresser 64

Paz, Zwiesprache 290

Pazarkaya (Hg.), Der große Rausch. Türkische Erzähler der Gegenwart 102

Pinget, Apokryph 139

Piven/Cloward, Aufstand der Armen 184

Platschek, Porträts mit Rahmen. Aufsätze zur modernen Malerei 86

Posener, Geschichte der Architektur im 20. Jahrhundert 207

Prokop, Medien-Wirkungen 74

Pruss-Kaddatz, Wortergreifung. Zur Entstehung einer Arbeiterkultur in Frankreich 115

Pusch (Hg.), Feminismus. Inspektion der Herrenkultur 192

Pusch, Das Deutsche als Männersprache 217

Rahnema (Hg.), Im Atem des Drachen. Moderne persische Erzählungen 93

Reif, Sozialgeschichte des deutschen Adels 277

Reulecke, Geschichte der Urbanisierung in Deutschland 249

Ribeiro, Unterentwicklung, Kultur und Zivilisation 18

Ribeiro, Die Brasilianer 87

Ribeiro, Sargento Getúlio 183

Rippel (Hg.), Wie die Wahrheit zur Fabel wurde 130

Rodinson, Die Araber 51

Rubinstein, Nichts zu verlieren und dennoch Angst 22

Rutschky (Hg.), Errungenschaften. Eine Kasuistik 101

Saage, Rückkehr zum starken Staat? 133

Schissler, Geschichte des preußischen Junkertums 273

Schleef, Die Bande 127

Schönhoven, Deutsche Gewerkschaften 1860–1980 287

Schröder, Die Englische Revolution 1640–1688 279

Schüler-Springorum (Hg.), Jugend und Kriminalität 201

Schwacke, Carte blanche 164

Schwarzer, Lohn: Liebe. Zum Wert der Frauenarbeit 225

Sebeok/Umiker-Sebeok, »Du kennst meine Methode« 121

Senghaas, Von Europa lernen 134

Sieder, Geschichte der Familie 276

Siemann, Die Revolution 1848/49 in Deutschland 266

Sinclair, Der Fremde 7

Sloterdijk, Kritik der zynischen Vernunft 99

Peter Sloterdijks »Kritik der zynischen Vernunft« 297

Sohn-Rethel, Soziologische Theorie der Erkenntnis 218

Sorescu, Abendrot Nr. 15 136

Staritz, Geschichte der DDR 1949–1984 260

Stein/Stein, Das koloniale Erbe Lateinamerikas 210

Steinweg (Red.), Der gerechte Krieg: Christentum, Islam, Marxismus 17

Steinweg (Red.), Das kontrollierte Chaos. Die Krise der Abrüstung 31

Steinweg (Red.), Unsere Bundeswehr? Zum 25jährigen Bestehen einer umstrittenen Institution 56

Steinweg (Red.), Hilfe + Handel = Frieden? Die Bundesrepublik in der Dritten Welt 97

Steinweg (Red.), Faszination der Gewalt. Politische Strategie und Alltagserfahrung 141

Steinweg (Red.), Die neue Friedensbewegung 143

Steinweg (Red.), Medienmacht im Nord-Süd-Konflikt 166

Steinweg (Red.), Vom Krieg der Erwachsenen gegen die Kinder 190

Steinweg (Red.), Rüstung und soziale Sicherheit 196

Steinweg (Red.), Kriegsursachen 238

Struck, Kindheits Ende. Journal einer Krise 123

Tabori, Unterammergau oder Die guten Deutschen 118

Tendrjakow, Sechzig Kerzen 124

Thompson, Die Entstehung der englischen Arbeiterklasse 170

Thränhardt, Geschichte der Bundesrepublik 1949–1984 267

Todorov, Die Eroberung Amerikas 213

Trevisan, Ehekrieg 41

Ullmann, Wirtschaftliche und politische Interessenverbände in Deutschland 1870–1980 283

Veil, Die Wiederkehr des Bumerangs 137

Vernant, Die Entstehung des griechischen Denkens 150

Veyne, Glaubten die Griechen an ihre Mythen? 226

Vobruba, Politik mit dem Wohlfahrtsstaat 181

Vogl, Hassler 182

Voigt (Hg.), Abschied vom Recht? 185

Wagner (Hg.), Literatur und Politik in der VR China 151

Walser, Selbstbewußtsein und Ironie. Frankfurter Vorlesungen 90

Wambach (Hg.), Der Mensch als Risiko 153

Wambach/Hellerich/Reichel (Hg.), Die Museen des Wahnsinns und die Zukunft der Psychiatrie 32

Wehler, Grundzüge der amerikanischen Außenpolitik 1750–1900 254

Wehler, Preußen ist wieder chic... 152

Weiss, Notizbücher 1971–1980. Zwei Bände 67

Weiss, Notizbücher 1960–1971. Zwei Bände 135

Weiss, Der neue Prozeß 215

Winkler, Die Verschleppung 177

Wippermann, Europäischer Faschismus im Vergleich 1922–1982 245

Wirz, Sklaverei und kapitalistisches Weltsystem 256

Witt, Die deutsche Inflation 1914–1924 268

Wollschläger liest »Ulysses« 105

Wünsche, Der Volksschullehrer Ludwig Wittgenstein 299

Wunder, Geschichte der deutschen Bürokratie 281

Wunder, Bäuerliche Gesellschaft in Deutschland 1524–1789 255

Ziebura, Weltwirtschaft und Weltpolitik 1922/24–1931 261

Zoll (Hg.), »Hauptsache, ich habe meine Arbeit« 228

Zschorsch, Glaubt bloß nicht, daß ich traurig bin 71

Zschorsch, Der Duft der anderen Haut 117

edition suhrkamp. Neue Folge

258 Konrad H. Jarausch, Deutsche Studenten 1800–1970
259 Josef Mooser, Arbeiterleben in Deutschland 1900–1970
260 Dietrich Staritz, Geschichte der DDR 1949–1984
261 Gilbert Ziebura, Weltwirtschaft und Weltpolitik 1922/24–1931
262 Ulrich Kluge, Die Deutsche Revolution 1918/1919
263 Horst Dippel, Die Amerikanische Revolution 1763–1787
264 Karl-Egon Lönne, Politischer Katholizismus
265 Volker R. Berghahn, Unternehmer und Politik in der Bundesrepublik
266 Wolfram Siemann, Die Revolution 1848/49 in Deutschland
267 Dietrich Thränhardt, Geschichte der Bundesrepublik 1949–1984
268 Peter Christian Witt, Die deutsche Inflation 1914–1924
269 Horst Möller, Deutsche Aufklärung 1740–1815
270 Gotthard Jasper, Von der Auflösung der Weimarer Republik zum NS-Regime
271 Klaus J. Bade, Europäischer Imperialismus im Vergleich
272 Dieter Grimm, Deutsche Verfassungsgeschichte 1803–1980
273 Hanna Schissler, Geschichte des preußischen Junkertums
274 Jürgen von Kruedener, Deutsche Finanzpolitik 1871–1980
275 Rüdiger vom Bruch, Deutsche Universitäten 1734–1980
276 Reinhard Sieder, Geschichte der Familie
277 Heinz-Günther Reif, Sozialgeschichte des deutschen Adels
278 Michael Mitterauer, Sozialgeschichte der Jugend
279 Hans-Christoph Schröder, Die Englische Revolution 1640–1688
280 Ernst Hinrichs, Die Französische Revolution 1789
281 Bernd Wunder, Geschichte der deutschen Bürokratie
282 Wolfgang Hardtwig, Vereinswesen in Deutschland 1780–1980
283 Hans-Peter Ullmann, Wirtschaftliche und politische Interessenverbände in Deutschland 1870–1980
284 Ute Frevert, Geschichte der deutschen Frauenbewegung
285 Hartmut Kaelble, Europäische Sozialgeschichte 1880–1980
286 Dieter Langewiesche, Deutscher Liberalismus
287 Klaus Schönhoven, Deutsche Gewerkschaften 1860–1980
288 Martin Greschat, Politischer Protestantismus

290 Octavio Paz, Zwiesprache
291 Franz Xaver Kroetz, Furcht und Hoffnung der BRD
292 Wolfgang Hildesheimer, The Jewishness of Mr. Bloom/ Das Jüdische an Mr. Bloom. Engl./Dt.
293 György Konrád, Antipolitik
294 Alexander Kluge, Neue Geschichten
295 Reto Hänny, Ruch
296 Atomkriegsfolgen. Der Bericht des »Office of Technology Assessment«
297 Peter Sloterdijks »Kritik der zynischen Vernunft«
298 Die Selbstbehauptung Europas. Hg. von Willy Brandt
299 Konrad Wünsche, Der Volksschullehrer Ludwig Wittgenstein
300 edition suhrkamp. Ein Lesebuch